'3

ire,

VENCESLAS,

TRAGICOMEDIE.

.DE Mr DE ROTROV.

A PARIS,

Chez ANTOINE DE SOMMA-
VILLE, au Palais dans la petite Salle
des Merciers, à l'Escu de France.

M.DC XL VIII.
AVEC PRIVILEGE DV ROY.

A

MONSEIGNEVR

MONSEIGNEVR

DE CREQVY,

PRINCE DE POIX,

SEIGNEVR DE CANAPLES,
de Pont-Dormy , &c. Et premier Gentil-
homme de la chambre du Roy.

ONSEIGNEVR,

VENCESLAS, encor tout glorieux des applau-
diſſements qu'il à reçeus de la plus grande Reyne du
monde, & de la plus belle Cour de l'Europe ne pouuant r'eſtraindre ſon ambition, aux careſſes, & à l'e-
ſtime du beau monde, oze auiourd'huy ſe monſtrer à

ã

EPISTRE.

toute la France, sous l'honneur de la protection que vous luy auez promise ; & ne craint point de s'exposer aux ennemis, que sa gloire luy peut susciter, ayant pour azile l'vne des plus anciennes. & plus illustres maisons du Royaume, & pour defenseur l'heritier des vertus, comme du sang, des plus fameux appuys de nos Roys, & des plus redoutables bras de l'Estat. Personne n'ignore, MONSEIGNEVR, que les grandes actions, de ces Grands hommes, à qui vous auez succedé font presque toute la beauté de nostre Histoire, & que l'antiquité Grecque, & Romaine, n'a rien veu de plus memorable, que ce que les derniers siecles ont veu faire au Grand Daguerre, pere de l'vne de vos ayeules, & au glorieux Connestable de l'Esdiguierre vostre bisayeul (dont le premier sortit victorieux de ce fameux duel, qu'vn de nos Rois luy permit à Sedan, ou son ennemy combattoit auec tant d'auantage, & le second feit sa renommée si celebre, par les batailles de Pontcharra, & de Salbertran, & seruit la Couronne par de si iudicieux Conseils, & de si prodigieux succés, qu'il en merita les premieres charges ; Il fut suiuy de l'indomptable Mareschal de Crequy, vostre ayeul, qui signala par vne infinité de preuues, la passion qu'il auoit pour son Prince, & par vn illustre & double combat, que la posterité n'oubliera iamais, celle qu'il auoit pour sa gloire. La volée de canon qui l'emporta dan la glorieux employ qui l'occupoit en Italie, fait encor auiourd'huy voler son nom aussi loin que le bruit des actions heroïques peut aller; & sa vertu se continua,

EPISTRE.

en celle de Monfieur de Canaples voftre pere, dont la vie, & la mort reprefenterent dignement celles de fes deuanciers. Il eft impoffible de comprendre dans la iufte eftenduë d'vne lettre, la memoire de tant de Heros, & ie laiffe à l'Hiftoire les Panegyriques, des fameux Pont-Dormys, dont l'vn fut frere d'armes de l'incomparable Bayart, & merita de paffer en fa creance, pour la valeur mefme; ie diray feulement, MONSEIGNEVR, qu'il ne vous fuffit pas d'eftre riche de la gloire d'autruy, vous ne vous contentez pas des acquifitions qu'on vous à faites, & vous ne vous croiriez pas digne fucceffeur de ces illuftres perfonnes, fi vous ne leur reffembliez, & fi vous ne vous deuiez la plus belle partie de voftre eftime; L'Italie à retrouué dans le fils la valeur des peres, & le fang que vous coufta l'effort qu'elle feit contre voftre vie, fut autant vne marque de la frayeur que vous luy feites, que du peril ou voftre grand cœur vous precipita; vous auez pouffé iufqu'aux bords de la Segre, cette ardeur fans mefure qui vous attache fi fortement aux interefts de voftre Maiftre, & par tout ou voftre courage vous à porté, l'on a fi clairement recognu le fang dont vous fortez, que nos ennemis peuuent auec raifon douter de la perte de ces Grands perfonnages que vous reparez fi dignement; Ces veritez eftans tres conftantes, VENCESLAS, (MONSEIGNEVR) à t'il lieu de rien redouter, fous l'authorité d'vn fi dignel protecteur; faites luy la grace de le fouffrir, puifque vous l'auez daigné

EPISTRE.

flatter de cette esperance, & qu'il se donne à vous sans autre consideration que de l'honneur d'estre vostre, & de m'obtenir de vous, la permission de me dire auec toutes les sousmissions que ie vous dois,

MONSEIGNEVR,

Vostre tres-humble, & tres-obeïssant seruiteur.

ROTROV.

EXTRAICT DV PRIVILEGE DV ROY.

PAr grace & Priuilege du Roy, donné à Paris le 28. Mars 1648. signé par le Roy en son Conseil *le Brun*, il est permis à *Anthoine de Sommauille*, Marchand Libraire à Paris, d'imprimer ou faire imprimer vne piece de Theatre intitulé *Venceslas Tragicomedie de Rotrou*, pendant le temps & espace de *cinq ans* entiers & accomplis, à compter du iour que ladite piece sera imprimée, & deffences sont faictes à tous autres d'en vendre ny distribuer aucune, sinon de l'impression qu'aura fait ou fait faire ledit *Sommauille*, ou ceux qui auront droict de luy, soubs les peines portées par lesdites lettres, qui sont en vertu du present Extraict tenuës pour bien & deuëment signifiées.

Acheué d'Imprimer le douz ie sme May 1648.

ACTEVRS.

VENCESLAS.	Roy de Pologne.
LADISLAS.	son fils , Prince.
ALEXANDRE.	Infant.
FEDERIC.	Duc de Curlande & Fauory.
OCTAVE.	Gouuerneur de Varsouie.
GARDES.	
CASSANDRE.	Duchesse de Cunisberg.
THEODORE.	Infante.
LEONOR.	suiuante.

VENCESLAS.
TRAGI-COMEDIE.

ACTE PREMIER.
SCENE PREMIERE.

VENCESLAS, LADISLAS, ALEXANDRE, GARDES.

VENCESLAS.

Renés vn siege, Prince; & vous Infant, sortés;

ALEXANDRE.

J'auray le tort, Seigneur, si vous ne m'écoutés;

VENCESLAS.

Sortez, vous dis-ie, & vous, Gardes, Qu'on se retire;

LADISLAS.

Que me desirez-vous ?

A

VENCESLAS.

> *J'ay beaucoup, à vous dire;*
> *Ciel prepare son sein, & le touche auiourd'huy;*

LADISLAS. bas

> *Que la vieillesse souffre, & fait souffrir autruy !*
> *Oyons les beaux aduis, qu'vn flateur luy conseille.*

VENCESLAS.

> *Prestés-moy, Ladislas, le cœur, auec l'oreille.*
> *J'attends tousiours du temps, qu'il meurisse le fruit*
> *Que pour me succeder, ma couche m'a produit ;*
> *Et ie croyois, mon fils, vostre mere immortelle,*
> *Par le reste qu'en vous, elle me laissa d'elle,*
> *Mais, helas ! ce pourtraict, qu'elle s'estoit tracé,*
> *Perd beaucoup de son lustre, & s'est bien effacé,*
> *Et vous considerant, moins ie la voy paroistre,*
> *Plus l'ennuy de sa mort, commence à me renaistre,*
> *Toutes vos actions, dementent vostre rang,*
> *Ie n'y voy rien d'auguste, & digne de mon sang ;*
> *J'y cherche Ladislas, & ne le puis cognoistre,*
> *Vous n'aués rien de Roy, que le desir de l'estre ;*
> *Et ce desir (dit-on) peu discret, et trop prompt,*
> *En souffre, auec ennuy, le Bandeau, sur son front.*
> *Vous plaignés le trauail, ou ce fardeau m'engage,*
> *Et n'oZant m'attaquer, vous attaqués mon âge ;*

Ie suis vieil, mais vn fruit de ma vieille saison,
Est d'en posseder mieux, la parfaite raison;
Regner est vn secret, dont la haute science,
Ne s'acquiert que par l'âge, & par l'experience,
Vn Roy, vous semble heureux, & sa condition,
Est douce, au sentiment, de vostre ambition;
Il dispose à son gré, des fortunes humaines;
Mais, comme les douceurs, en sçauez vous les peines:
A quelque heureuse fin, que tendent ses projets,
Iamais il ne fait bien, au gré de ses sujets;
Il passe pour cruel, s'il garde la iustice,
S'il est doux, pour timide, et partisan du vice;
S'il se porte à la guerre, il fait des malheureux;
S'il entretient la paix, il n'est pas genereux;
S'il pardonne, il est mol; s'il se vange, barbare;
S'il donne, il est prodigue; & s'il espargne, auare;
Ses desseins les plus purs, et les plus innocens,
Tousiours, en quelque esprit, iettent vn mauuais sens;
Et iamais sa vertu, (tant soit-elle cognuë,)
En l'estime des siens, ne passe toute nuë;
Si donc, pour meriter, de regir des Estats,
La plus pure vertu, mesme, ne suffit pas.
Par quel heur voulés-vous, que le regne succede,
A des esprits oisifs, que le vice possede;
Lors de leurs voluptez, incapables d'agir,
Et qui serfs de leurs sens, ne se sçauroient regir;

le Prince
tourne la
teste &,
témoigne
s'éporter

A ij

4

Icy, mon seul respect, contient vostre caprice;
Mais, examinez-vous, & rendez-vous iustice;
Pouués vous attenter, sur ceux, dont i'ay fait choix,
Pour soustenir mon trosne, & dispenser mes loix;
Sans blesser les respects, deubs à mon Diadesme,
Et sans en mesme temps, attenter sur moy-mesme?
Le Duc, par sa faueur, vous a blessé les yeux,
Et parce qu'il m'est cher, il vous est odieux:
Mais voyant d'vn costé, sa splendeur non commune,
Voyés, par quels degres, il monte a sa fortune;
Songés, combien son bras, à mon trosne affermy,
Et mon affection, vous fait son ennemy!
Encore, est-ce trop peu; vostre aueugle colere,
Le hayt en autruy mesme, & passe à vostre frere?
Vostre ialouse humeur, ne luy sçauroit souffrir,
La liberté d'aimer, ce qu'il me voit cherir!
Son amour pour le Duc, luy produit vostre haine;
Cherchez vn digne objet, à cette humeur hautaine,
Employés, employés ces boüillans mouuements,
A combatre l'orgueil, des peuples Othomans;
Renouuelés contre eux, nos haines immortelles,
Et soyez genereux, en de iustes querelles;
Mais, contre vostre frere! & contre vn fauory,
Necessaire à son Roy, plus qu'il n'en est chery!
Et qui de tant de bras, qu'armoit la Moscouie,
Vient de sauuer mon sceptre, & peut-estre de ma vie;

C'est vn employ celebre! & digne d'vn grand cœur!
Vostre caprice, enfin, veut regler ma faueur;
Ie sçay mal appliquer mon amour, & ma haine,
Et c'est de vos leçons, qu'il faut que ie l'aprenne;
I'aurois mal proffité, de l'vsage, & du temps!

LE PRINCE.

Souffrez; . . . . .

LE ROY.

Encor vn mot, & puis, ie vous entends;
S'il faut qu'à cent rapports ma creance responde,
Rarement le Soleil, rend la lumiere au monde,
Que le premier rayon, qu'il respand icy bas,
N'y descouure quelqu'vn de vos assassinats;
Ou, du moins, on vous tient, en si mauuaise estime,
Qu'innocent, ou coupable, on vous charge du crime;
Et que vous offençant, d'vn soupçon éternel,
Aux bras du sommeil mesme, on vous fait criminel,
Sous ce fatal soupçon, qui deffend qu'on me craigne,
On se vange, on s'égorge, & l'impunité regne,
Et ce juste mespris, de mon authorité,
Est la punition, de cette impunité;
Vostre valeur, enfin, n'agueres si vantée,
Dans vos folles amours languit comme enchantée,
Et par cette langueur, dedans tous les esprits

Efface fon eftime, & s'acquiert des mefpris ;
Et ie voy toutefois, qu'vn heur inconceuable,
Malgré tous ces deffauts, vous rend encor aimable;
Et que voftre bon aftre, en ces mefmes efprits,
Souffre enfemble pour vous, l'amour, & le mefpris;
Par le fecret pouuoir, d'vn charme que i'ignore,
Quoy qu'on vous mefeftime, on vous cherit encore ;
Vicieux on vous craint, mais vous plaifés heureux,
Et pour vous, l'on confond, le murmure, & les vœux;
La ! merités, mon fils, que cette amour vous dure,
Pour conferuer les vœux, eftouffez le murmure ;
Et regnez dans les cœurs, par vn fort dépendant,
Plus de voftre vertu, que de voftre afcendant ;
Par elle, rendez-vous, digne d'vn Diadefme,
Né pour donner des loix, cōmencés par vous mefme;
Et que vos paſſions, ces rebelles fujets,
De cette noble ardeur, foient les premiers objets ;
Par ce genre de regne, il faut meriter l'autre,
Par ce degré, mon fils, mon trofne fera voftre ;
Mes Eftats, mes fuiets, tout flefchira fouz vous,
Et fujet de vous feul, vous regnerez fur tous;
Mais fi touſiours vous méme, & toûjours ferf du vice
Vous ne prenés des loix, que de voftre caprice ;
Et fi pour encourir, voftre indignation,
Il ne faut qu'auoir part, en mon affection ;
Si voftre humeur hautaine, enfin, ne confidere,

Ny les profonds reſpects, dont le Duc vous reuere,
Ny l'eſtroite amitié, dont l'Infant vous cherit ;
Ny la ſouſmiſſion, d'vn peuple qui vous rit ;
Ny d'vn pere, & d'vn Roy, le Conſeil ſalutaire ;
Lors, pour eſtre tout Roy, ie ne ſeray plus pere,
Et vous abandonnant à la rigueur des loix,
Au mépris de mon ſang, ie maintiendray mes droits ;

LADISLAS.

Encor que de ma part, tout vous choque et vous bleſſe,
En quelque eſtonnement, que ce diſcours me laiſſe,
Ie tire au moins ce fruit, de mon attention,
D'auoir ſceu vous complaire, en cette occaſion ;
Et ſur chacun des points, qui ſemblent me confondre,
I'ay dequoy me deffendre, & dequoy vous reſpondre ;
Si j'obtiens à mon tour, & l'oreille, & le cœur ;

LE ROY.

Parlés, ie gaigneray, vaincu plus que vainqueur ;
Ie garde encor pour vous, les ſentimens d'vn pere,
Conuainqués-moy d'erreur, elle me ſera chere ;

LADISLAS.

Au retour de la chaſſe, hier, aſſiſté des miens,
Le carnage du cerf, ſe preparant aux chiens,
Tombés ſur le diſcours, des intereſts des Princes,
Nous en vinſmes ſur l'art de regir les Prouinces ;

Où chacun à son gre, forgeant des Potentats,
Chacun selon son sens, gouuernant vos Estats,
Et presque aucun aduis, ne se treuuant conforme,
L'vn prise vostre regne, vn autre le reforme;
Il treuue ses censeurs, comme ses partisans;
Mais, generalement, chacun plaint vos vieux ans;
Moy, (sans m'imaginer, vous faire aucune injure)
Je coulay mes aduis, dans ce libre murmure;
Et mon sein, à ma voix, s'oʒant trop confier,
Ce discours m'eschapa, ie ne le puis nier;
Comment, dis-ie, mon pere accablé de tant d'âge,
Et sa force, à present seruant mal son courage,
Ne se descharge-t'il, auant qu'y succomber,
D'vn penible fardeau, Qui le fera tomber?
Deuroit-il, (me pouuant asseurer sa Couronne,)
Hasarder que l'Estat me l'oste, ou me la donne?
Et s'il veut conseruer, la qualité de Roy,
La retiendroit-il pas, s'en despoüillant pour moy?
Comme il fait murmurer, de l'âge qui l'accable,
Croit-il de ce fardeau ma ieunesse incapable?
Et n'ay-ie pas appris, sous son Gouuernement,
Assez de polytique, & de raisonnement,
Pour sçauoir à quels soings, oblige vn Diadesme?
Ce qu'vn Roy, doit aux siens, à l'Estat, à soy-mesme?
A ses Confederés, à la foy des traités,

Dedans quels interests, ses droicts sont limitez;
Quelle guerre est nuisible, & quelle d'importance,
A qui, quand, & comment, il doit son assistance?
Et pour garder, enfin, ses Estats d'accidens,
Quel ordre, il doit tenir, & dehors, & dedans?
Ne sçais-ie pas qu'vn Roy, qui veut qu'on le reuere,
Doit mesler à propos, l'affable, & le seuere?
Et selon l'exigence, & des temps, & des lieux,
Sçauoir faire parler, & son front, & ses yeux!
Mettre bien la franchise, & la feinte en vsage,
Porter, tantost, vn masque, & tantost vn visage,
Quelque auis, qu'on luy donne, estre tousiours pareil,
Et se croire, souuent, plus que tout son conseil?
Mais sur tout (& delà, dépend l'heur des couronnes)
Sçauoir bien appliquer, les employs, aux personnes,
Et faire, par des choix, iudicieux, & sains,
Tomber le ministere, en de fidelles mains;
Esteuer peu de gens, si haut qu'ils puissent nuire,
Estre lent à former, aussi bien qu'à destruire;
Des bonnes actions, garder le souuenir,
Estre prompt à payer, & tardif à punir;
N'est-ce pas, sur cét art (leur dis-ie) & ces maximes,
Que se maintient, le cours des regnes legitimes:
Voila, la verité, touchant le premier poinct,
I'aprens, qu'on vous la dite, & ne m'en deffens point;

B

LE ROY.

Poursuiués ;

LADISLAS.

à l'égard de l'ardente colere,
Ou vous meut, le party du Duc, & de mon frere ;
Dont l'vn est vostre cœur, si l'autre est vostre bras,
Dõt l'vn regne, en vostre ame, et l'autre en vos estats ;
I'en hay l'vn, il est vray, cet insolent ministre,
Qui vous est precieux, autant, qu'il m'est sinistre ;
Vaillãt, i'en suis d'accord, mais vain, fourbe, flateur,
Et de vostre pouuoir, secret vsurpateur ;
Ce Duc, à qui vostre ame, à tous autres obscure,
Sans crainte, s'abandonne, & produit toute pure ;
Et qui, souZ vostre nom, beaucoup plus Roy que vous
Met, à me desseruir, ses plaisirs, les plus doux ;
Vous fait mes actions, plaines de tant de vices,
Et me rend, prés de vous, tant de mauuais offices ;
Que vos yeux preuenus, ne treuuent plus en moy ?
Rien, qui vous represente, &, qui promette vn Roy :
Ie feindrois, d'estre aueugle, & d'ignorer l'enuie,
Dont, en toute rencontre, il vous noircit ma vie ;
S il ne s'en vsurpoit, & m'ostoit les emplois,
Qui, si ieune, m'ont fait, l'effroy, de tant de Rois ;
Et dont ces derniers iours, il a des Moscouites,
Arreste les progrés, & restraint les limites ;
Pa tant pour cette grande, & fameuse action,

Vous en mistes le prix, à sa discretion ;
Mais, s'il n'est trop puissant pour craindre ma colere,
Qu'il pense meurement, au choix de son salaire ;
Et que le grand credit, qu'il possede à la Cour,
S'il méconnoist mon rang, respecte mon amour ;
Où tout brillant qu'il est, il luy sera friuole,
Ie n'ay point, sans sujet lasché cette parole ;
Quelques bruits, m'ot apris, jusqu'où võt vos desseins ;
Et c'est vn des sujets, Seigneur, dont je me plains ;

LE ROY.

Acheués.

LE PRINCE.

Pour mon frere, apres son insolence,
Ie ne puis m'emporter, à trop de violence ;
Et de tous vos tourments, la plus affreuse horreur,
Ne le sçauroit soustraire, à ma juste fureur.
Quoy, quand le cœur, outré de sensibles atteintes,
Ie fais entendre au Duc, le sujet de mes plaintes ;
Et de ses procedés, justement irrité,
Veux mettre quelque frein, à sa temerité,
Estourdy, furieux, & poussé d'vn faux Zele,
Mon frere, contre moy, veut prendre sa querelle ;
Et bien plus, sur l'espée, ose porter la main !

B ij

Ha! i'attefte du Ciel, le pouuoir fouuerain,
Qu'auant que le Soleil, forty du fein de l'onde,
Ofte, & rende le iour, aux deux moitiés du monde ;
Il m'oftera le fang, qu'il n'a pas refpecté,
Ou me fera raifon, de cette indignité ;
Puifque, ie fuis au peuple, en fi mauuaife eftime,
Il la faut meriter, du moins, par vn grand crime ;
Et de vos chaftimens, menacé tant de fois,
Me rendre vn digne objet, de la rigueur des Loix ;

LE ROY. bas

Que puis-ie plus tenter, fur cette ame hautaine ?
Effayons l'artifice, ou la rigueur eft vaine ;
Puifque, plainte, froideur, menace, ny prifon,
Ne l'ont pû, iufqu'icy, reduire à la raifon ;

Il dit au Prince.

Ma creance, mon fils, fans doute, vn peu legere,
N'êt pas sãs quelque erreur, et cette erreur m'êt chere ;
Eftouffons nos difcords, dans nos embraffements,

Il l'em-
braffe. Ie ne puis de mon fang, forcer les mouuements ;
Ie luy veux bien ceder, & malgré ma colere,
Me confeffer vaincu, par ce que ie fuis pere ;
Prince, il eft temps, qu'enfin, fur vn trofne commun ;
Nous ne faffions qu'vn regne, et ne foyons plus qu'vn,
Si proche du cerceüil, où ie me voy defcendre,
Ie me veux voir en vous, renaiftre de ma cendre ;

Et par vous, à couuert, des outrages du temps,
Commencer à mon âge, vn regne de cent ans;

LE PRINCE.

De voſtre ſeul repos, depend toute ma ioye;
Et ſi voſtre faueur, iuſques-là ſe deſploye;
Ie ne l'accepteray, que comme vn noble employ,
Qui parmy vos ſujets, fera conter, vn Roy;

SCENE DEVXIESME.

ALEXANDRE, LE ROY, LE PRINCE.

ALEXANDRE.

SEigneur......

LE ROY.
Que voulés-vous? ſortés;

ALEXANDRE.
Je me retire,
Mais ſi vous.....

LE ROY.
Qu'eſt-ce encor? que me voulés vous dire?
A quel eſtrange office, Amour, me reduis-tu!
De faire accueil au vice, & chaſſer la vertu!

ALEXANDRE.
Que ſi vous ne daignés m'admettre en ma deffenſe,

D iij

VENCESLAS.

Vous donnerés le tort, à qui reçoit l'offense ;
Le Prince, est mon aisné, ie respecte son rang,
Mais, nous ne differons, ny de cœur, ny de sang,
Et pour vn démentir, j'ay trop....

LE ROY.

Vous temeraire.

Vous la main, sur l'espée ! & contre vostre frere !
Contre mon successeur, en mon autorité !
Implorés, insolent, implorez sa bonté ;
Et par vn repentir, digne de vostre grace,
Merités le pardon, que ie veux qu'il vous fasse ;
Allés, demandés-luy ; Vous, tendés-luy les bras ;

ALEXANDRE.

Consideres, Seigneur !

LE ROY.

Ne me repliqués pas.

ALEXANDRE. bas

Flechirõs nous, mõ cœur, sous cette humeur hautaine !
Oüy, du degré de l'âge, il faut porter la peine,
Que j'ay de repugnance, à cette lascheté !
O Ciel ! pardonnez-donc, à ma temerité,
Parlant
auPrince *Mon frere, vn pere enjoint que ie vous satisface,*

J'obeïs à son ordre, & vous demande grace ;
Mais par cet ordre, il faut me tendre aussi les bras.

LE ROY.

Dieux ! le cruel, encor, ne le regarde pas !

LE PRINCE.

Sans eux, suffit-il pas, que le Roy, vous pardonne ;

LE ROY.

Prince, encor vne fois, donnez-les, ie l'ordonne ;
Laissez, à mon respect, vaincre voftre courous.

LE PRINCE embrassant son frere

A quelle lascheté, Seigneur, m'obligez-vous !
Allez, & n'imputez, cet excez d'indulgence,
Qu'au pouuoir absolu, qui retient ma vengeance ;

ALEXANDRE bas.

O Nature ! ô Respect, que vous m'estes cruels !

LE ROY.

Changez ces differens, en des vœux mutuels ;
Et quand je suis en paix, auec toute la Terre,
Dans ma maison, mes fils, ne mettez point la guerre ; L'Infant
Faites-venir le Duc, Infant.

SCENE TROISIESME.

LE ROY, LE PRINCE.

LE ROY.

Prince, arreſtez ;

LE PRINCE.

Vous voulez m'ordonner, encor de laſchetez !
Et pour ce traiſtre, encor, ſolliciter ma grace !
Mais pour des ennemis, ce cœur n'a plus de place,
Voſtre ſang, qui l'anime, y repugne à vos loix ;
Aymés cét inſolent, conſeruez voſtre choix ;
Et du bandeau royal, qui vous couure la teſte,
Payez, ſi vous voulez, ſa derniere conqueſte ;
Mais ſouffrés-m'en, Seigneur, un meſpris genereux,
Laiſſes ma haine libre, auſſi bien que vos vœux,
Souffrez ma dureté, gardant voſtre tendreſſe,
Et ne m'ordonnés point, un acte de foibleſſe.

LE ROY.

Mon fils, ſi preſt du troſne, où vous allez monter,
Preſt d'y remplir ma place, & m'y repreſenter ;
Auſſi bien ſouuerain, ſur vous, que ſur les autres ;
Prenés mes ſentimens, et despoüillez les voſtres ;

Donnés à mes souhaits (de vousmesme vainqueur,)
Cette noble foiblesse, & digne d'vn grand cœur,
Qui vous fera priser, de toute la Prouince ;
Et Monarque, oubliés, les differends du Prince.

LE PRINCE.

Ie presere ma haine, à cette qualité,
Dispensés-moy, Seigneur, de cette indignité.

SCENE QVATRIESME.

LE DVC DE CVRLANDE, LE ROY, ALEXANDRE, LE PRINCE, OCTAVE.

LE ROY.

E Stouffez, cette haine, où ie prends sa querelle ;
Duc, salués le Prince.

LE PRINCE l'embrassant auec peine.

                    O contrainte cruelle.   Ils s'em-
                                                                brassent.

LE ROY.

Et d'vne estroite ardeur, vnis à l'aduenir,
De vos discords passés, perdés le souuenir ;

LE DVC.

Pour luy prouuer, à quoy, mon Zele me conuie,
Ie voudrois perdre encor, & le sang, & la vie ;

LE ROY.

Assés d'occasions, de sang, & de combats,

                                                                C

Ont signalé pour nous, & ce cœur, & ce bras;
Et vous ont trop acquis, par cét illustre Zele,
Tout ce qui d'vn mortel, rend la gloire immortelle;
Mais vos derniers progreZ (qui certes m'ont surpris)
Passent toute creance, & demandent leur pris,
Auec si peu de gens, auoir fait nos frontieres,
D'vn si puissant party, les sanglants cimetieres;
Et dans si peu de iours, par d'incroyables faits,
Reduit le Moscouite à demander la paix;
Ce sont des actions, dont la recognoissance,
Du plus riche Monarque, excede la puissance;
N'exceptez rien, aussi, de ce que ie vous doibs,
Demandés; i'en ay mis le pris, à vostre choix;
Enuers vostre valeur, acquittez ma parole;

LE DVC.

Je vous dois tout, Grand Roy.

LE ROY.

Ce respect est friuole;

La parole des Roys, est vn gage important,
Qu'ils doiuent, (le pouuant) retirer à l'instant;
Il est d'vn prix trop cher, pour en laisser la Garde,
Par le depost, la perte, ou l'oubly s'en haZarde;

LE DVC.

Puisque vostre bonté, me force à receuoir,
Le loyer d'vn tribut, et le prix d'vn denoir;

Vn seruage, Seigneur, plus doux, que voſtre Empire,
Des flames, et des fers, ſont le prix, où i'aſpire;
Si d'vn cœur conſommé, d'vn amour violent,
La bouche, oſe exprimer.....

LE PRINCE.

Arreſtés, inſolent;
Au vol de vos deſirs, impoſeZ des limites,
Et proportionnez, vos vœux, à vos merites;
Autrement, au meſpris, & du troſne, & du iour.
Dans voſtre infame ſang, i'eſteindray voſtre amour
Où mon reſpect s'oppoſe, appreneZ, temeraire,
A ſeruir ſans eſpoir, & ſouffrir, & vous taire;
Ou......

LE DVC ſortant.

Ie me tais, Seigneur, & puiſque mon eſpoir,
Bleſſe voſtre reſpect, il bleſſe mon deuoir.
Il s'en va auec l'Infant.

SCENE CINQVIESME.

LE ROY, LE PRINCE, OCTAVE.

LE ROY.

PRince, vous emportant, à ce caprice extréme,
Vous meſnagés fort mal, l'eſpoir d'vn Diadéme;
Et voſtre teſte, encor, qui le pretend porter;

LE PRINCE.

Vous estes Roy, Seigneur, vous pouuez me l'oster;
Mais, i'ay lieu de me plaindre, & ma iuste colere,
Ne peut prendre des loix, ny d'vn Roy, ny d'vn pere;

LE ROY.

Ie dois bien moins en prendre, & d'vn fol, & d'vn fils;
Pensez, à vostre teste, & prenez en aduis.
Il s'en va en colere.

SCENE SIXIESME.

LE PRINCE, OCTAVE.
OCTAVE.

O *Dieux! ne sçauriez-vous, cacher mieux vo-*
stre haine;

LE PRINCE.

Veux-tu, que la cachant, mon attente soit vaine!
Qu'il vole à mon espoir, ce tresor amoureux,
Et qu'il fasse son prix, de l'objet de mes vœux?
Quoy, Cassandre, sera le prix d'vne victoire,
Qu'vsurpant mes emplois, il desrobe à ma gloire;
Et l'estat, qu'il gouuerne, à ma confusion,
L'espargne, qu'il manie, auec profusion,
Les siens, qu'il agrandit, les charges qu'il dispense,

Ne luy tiennent pas lieu, d'assez de recompense,
S'il ne me priue encor, du fruict de mon amour,
Et si m'ostant Cassandre, il ne m'oste le iour ;
N'est-ce pas de tes soings, & de ta diligence,
Que ie tiens le secret, de leur intelligence ?

OCTAVE.

Oüy, Seigneur, mais l'hymen, qu'on luy va proposer,
Au succés de vos vœux, la pourra disposer ;
L'infante l'a mandée, & par son entremise,
I'espere à vos souhaits, la voir bien-tost sousmise ;
Cependant, feignez mieux, & d'vn pere irrité,
Et d'vn Roy mesprisé, craignez l'authorité ;
Reposez sur nos soings, l'ardeur, qui vous transporte ;

LE PRINCE.

C'est mon Roy, c'est mon pere, il est vray, ie m'emporte ;
Mais ie treuue, en deux yeux, deux Rois plus absolus,
Et n'estant plus à moy, ne me possede plus ;

C iij

ACTE SECOND.

SCENE PREMIERE.

THEODORE. Infante. CASSANDRE.

THEODORE.

*E*N fin si son respect, ny le mien, ne vous touche,
Cassandre, tout l'Estat, vous parle par ma
bouche:
Le refus de l'hymen, qui vous sousmet sa foy,
Luy refuse vne Reyne, & veut oster vn Roy:
L'objet de vos mespris, attend vne couronne,
Que desia d'vne voix, tout le peuple luy donne;
Et de plus, ne l'attend, qu'afin de vous l'offrir:
Et vostre cruauté, ne le sçauroit souffrir?

CASSANDRE.

Non, ie ne puis souffrir, en quelque rang qu'il monte,
L'ennemy de ma gloire, & l'amant de ma honte;
Et ne puis, pour espoux, vouloir d'vn suborneur,
Qui voit qu'il a sans fruit, poursuiuy mon honneur:

Qui tant que sa poursuite, a creu m'auoir infame,
Ne m'a point souhaitée, en qualité de femme ;
Et qui n'ayant pour but, que ses salles plaisirs,
En mon seul deshonneur, bornoit tous ses desirs ;
En quelque objet qu'il soit, à toute la Prouince,
Ie ne regarde en luy, ny Monarque, ny Prince,
Et ne voy sous l'esclat, dont il est reuestu,
Que de traistres appas, qu'il tend à ma vertu ;
Apres ses sentimens, à mon honneur sinistres,
L'essay de ses presents, l'effort de ses ministres ;
Ses plaintes, ses escrits, & la corruption,
De ceux, qu'il crût, pouuoir seruir sa passion,
Ces moyens vicieux, aidans mal sa poursuite,
Aux vertueux, enfin, son amour est reduite ;
Et pour venir à bout de mon honnesteté,
Il met tout en vsage, & crime, & pieté ;
Mais en vain il consent, que l'amour nous vnisse,
C'est appeller l'honneur, au secours de son vice ;
Puis, s'estant satisfait, on sçait qu'vn souuerain
D'vn Hymen qui déplaist, à le remede en main ;
Pour en rompre les nœuds, et colorer ses crimes,
L'Estat, ne manque pas, de plausibles maximes ;
Son infidelité, suiuroit de prés sa foy ;
Seul, il se considere ; il s'aime, et non pas moy.

THEODORE.

Ses vœux, vn peu boüillants, vous font beaucoup
　d'ombrage ;

CASSANDRE.

Il vaut mieux, faillir moins, & craindre dauantage ;

THEODORE.

La fortune vous rit, & ne rit pas touſiours ;

CASSANDRE.

Ie crains ſon inconſtance, & ſes courtes amours ;
Et puis, qu'eſt vn Palais, qu'vne maiſon pompeuſe,
Qu'à noſtre ambition, baſtit cette trompeuſe ?
Où l'ame dans les fers, gemit à tout propos,
Et ne rencontre pas, le ſolide repos ;

THEODORE.

Ie ne vous puis qu'offrir, apres vn Diadeſme ;

CASSANDRE.

Vous me donnerez plus, me laiſſant à moy-meſme

THEODORE.

Seriez-vous moins à vous, ayant moins de rigueur ?

CASSANDRE.

N'appelleriez-vous rien la perte, de mon cœur ?

THEODORE.

Vous feriez vn eſchange, & non pas vne perte ;

CASSANDRE.

Et, i'aurois cette injure, impunément ſoufferte !
Et, ce que vous nommés, des vœux vn peu boüillans,

Ces *deſſeins criminels*, ces efforts inſolents,
Ces libres entretiens, ces meſſages infames,
L'eſperance du rapt, dont il flattoit ſes flames,
Et tant d'offres, enfin, dont il crût me toucher;
Au ſang de Cunisberg, ſe pouroient reprocher?

THÉODORE.

Ils ont, voſtre vertu, vainement combattuë;

CASSANDRE.

On en pourroit douter, ſi ie m'en eſtois teuë;
Et ſi, ſous cet hymen, me laiſſant aſſeruir,
ie luy donnois vn bien, qu'il m'a voulu rauir;
Excuſez ma douleur; ie ſçay, ſage Princeſſe,
Quelles ſoubmiſſions, ie dois à Voſtre Alteſſe;
Mais, au chois, que mon cœur, doit faire d'vn eſpous
S'i'en croy mon honneur, ie luy dois plus qu'à vous;

SCENE DEVXIESME.

LE PRINCE, THEODORE, CASSANDRE.

LE PRINCE entrant à grands pas.

CEde, cruel Tyran, d'vne amitié ſi forte,
Reſpect, qui me retiens, à l'ardeur qui m'emporte;
Sçachons ſi mon hymen, ou mon cercueil eſt preſt.

D

Impatient d'attendre, entendons mon arreſt!
Parlés, belle ennemie; il eſt temps de reſoudre;
Si vous deués lancer, ou retenir la foudre;
Il s'agit de me perdre, ou de me ſecourir,
Qu'en aues vous conclu, faut-il viure, ou mourir?
Quel des deus voulés vous ou mon cœur, ou ma cédre?
Quelle des deux auray-ie, ou la mort, ou Caſſandre?
L'Himen à vos beaux jours, joindra-t'il mon deſtin,
Ou ſi voſtre refus, ſera mon aſſaſſin.

CASSANDRE.

Me pariés-vous d'Hymen? & voudriés-vous pour
    femme,
L'indigne & vil objet, d'vne impudique flame;
Moy, Dieux! moy, la moitié, d'vn Roy, d'vn
    Potentat!
Ha Prince, quel preſent feriés vous à l'Eſtat!
De luy donner pour Reyne, vne femme ſuſpecte;
Et quelle qualité, voulés-vous, qu'il reſpecte,
En vn objet infame, & ſi peu reſpecté,
Que vos ſalles deſirs, ont tant ſollicite!

LE PRINCE.

Il y reſpectera, la vertu la plus digne;
Dont l'épreuue, ayt jamais, fait vne femme inſigne;
Et le plus adorable, et plus diuin objet;
Qui de ſon ſouuerain, feiſt jamais ſon ſujet;
Ie ſçay trop', & jamais) ce cœur ne vous aproche,

Que confus de ce crime, il ne fe le reproche :
A quel poinct d'infolence, & d'indifcrction,
Ma jeuneffe, d'abord, porta ma paffion;
Il eft vrai, qu'esblouï de ces yeux adorables,
Qui font tant de captifs, & tant de miferables;
Forcé par leurs attraicts, fi dignes de mes vœux,
Je les contemplai feuls, & ne recherchay qu'eux;
Mon refpect s'oublia, dedans cette pourfuitte,
Mais vn amour enfant, pût manquer de conduitte,
Il portoit fon excufe, en fon aueuglement,
Et c'eft trop le punir, que du banniffement ;
Si-toft que le refpect, m'a desfille la veuë,
Et qu'outre les attraits, dont vous eftes pourueuë,
Voftre foin, voftre rang, vos illuftres aieux,
Et vos rares vertus, m'ont arrefté les yeux.
De mes vœux, auffi-toft, reprimant l'infolence,
J'ai reduit fouz vos loix, toute leur violence,
Et reftrainete à l'efpoir de noftre hizen futur,
Ma flame a confommé, ce qu'elle auoit d'impur;
Le flambeau qui me guide, & l'ardeur qui me preffe,
Cherche en vous vne efpoufe, & non vne maiftreffe;
Accordez-la, Madame, au repentir profond,
Qui déteftant mon crime, à vos pieds me confond;
Souz cette qualité, fouffrez que ie vous aime.
Et priuez-moy du iour, pluftoft que de vous-mefme;
Car, enfin, fi l'on peche, adorant vos appas,

D ij

Et si l'on ne vous plaist, qu'en ne vous aimant pas ;
Cette offence, est vn mal, que ie veux tousiours faire,
Et ie consens plustost, à mourir qu'à vous plaire.

CASSANDRE.

Et mon merite, Prince, & ma condition,
Sont d'indignes objets de vostre passion ;
Mais, quand i'estimerois, vos ardeurs veritables,
Et quand on nous verroit des qualitez sortables ;
On ne verra iamais, l'hymen nous assortir,
Et ie perdray le iour, auant qu'y consentir ;
D'abord, que vostre amour, fist voir dans sa pour-
*   suite,*
Et si peu de respect, & si peu de conduite ;
Et que le seul objet d'vn dessein vicieux,
Sur ma possession, vous fist ietter les yeux ;
Ie ne vous regarday, que par l'ardeur infame,
Qui ne m'appelloit point, au rang de vostre femme ;
Et que par cet effort brutal, & suborneur
Dont vostre passion, attaquoit mon honneur ;
Et ne considerant en vous, que vostre vice,
Je pris en telle horreur, vous, & vostre seruice,
Que si ie vous offence, en ne vous aimant pas,
Et si dans mes vœux seuls, vous treuuez des appas ;
Cette offence est vn mal, que ie veux tousiours faire,
Et ie consens plustost, à mourir, qu'à vous plaire ;

LE PRINCE.

Et bien, contre vn objet, qui vous fait tant d'horreur,
Inhumaine, exerceZ, toute voftre fureur,
Armez-vous contre moy, de glaçons, & de flames.
Inuente Z des fecrets, de tourmenter les ames ;
Sufcite Z terre, & Ciel, contre ma paßion,
Intereßez l'Eftat, dans voftre auérfion ;
Du trofne, où ie pretends, deftournez fon fuffrage ;
Et pour me perdre enfin, metteZ tout en vfage ;
Auec tous vos efforts, & tout voftre couroux,
Vous ne m'ofterez pas, l'amour que i'ay pour vous ;
Dans vos plus grands mefpris, ie vous feray fidele ;
Ie vous adoreray, furieufe, & cruele ;
Et pour vous conferuer, ma flame, & mon amour,
Malgré mon defefpoir, conferueray le iour ;

THEODORE.

Quoy, nous n'obtiendrõs rien de cette humeur altiere !

CASSANDRE.

Il m'a deu, m'attaquant, cognoiftre toute entiere ;
Et fçauoir que l'honneur, m'eftoit fenfible au poinct,
D'en conferuer l'iniure, & ne pardonner point ;

THEODORE.

Mais vous vanger, ainfi, c'eft vous punir vous-
mefme ;
Vous perdeZ auec luy, l'efpoir d'vn Diadefme ;

CASSANDRE.

Pour moi, le Diadefme, auroit de vains appas,
Sur vn front que i'ai craint, & que ie n'aime pas;

THEODORE.

Regner, ne peut defplaire, aux ames genereufes ;

CASSANDRE.

Les trofnes, bien fouuent, portent des malheureufes;
Qui fouz le joug brillant, de leur authorité,
Ont beaucoup de fujets, & peu de liberté;

THEODORE.

Redoutez-vous vn joug, qui vous fait fouueraine?

CASSANDRE.

Ie ne veux point defpendre, & veux eftre ma Reine;
Ou ma franchife, enfin, fi iamais ie la perds,
Veut choifir fon vainqueur, & cognoiftre fes fers ;

THEODORE.

Seruir vn fceptre en main, vaut bien voftre franchife

CASSANDRE.

Sçauez-vous, fi defia, ie ne l'ay point foufmife!

LE PRINCE.

Oüi, ie le fçay, cruele, & cognois mon riual,
Mais i'ai crû que fon fort m'eftoit trop inefgal,
Pour me perfuader, qu'on dûft mettre en balance,
Le choix de mon amour, ou de fon infolence,

CASSANDRE.

Voftre rang, n'entre pas, dedans fes qualitez,
Mais fon fang, ne doit rien, au fang dont vous fortez,
Ny luy, n'a pas grand lieu de vous porter enuie ;

LE PRINCE.

Infolente, ce mot, luy couftera la vie ;
Et ce fer, en fon fang, fi noble, & fi vanté,
Me va faire raifon de voftre vanité ;
Violons, violons ; des loix trop refpectées,
O fageffe, ô raifon, que i'ay tant confultées !
Ne nous obftinons point a des vœux fuperflus ;
Laiffons mourir l'amour, ou l'efpoir ne vit plus ;
Allez indigne objet, de mon inquietude,
J'ay trop long-temps fouffert, de voftre ingratitude ;
Ie vous deuois cognoiftre, & ne m'engager pas
Aux trompeufes douceurs, de vos cruels appas ;
Où m'eftant engagé, n'implorer point voftre aide,
Et fans vous demander, vous rauir mon remede ;
Mais, contre fon pouuoir, mon cœur a combattu,
Je ne me repens pas d'vne acte de vertu ;
De vos fuperbes loix, ma raifon dégagée,
A guery mon amour, et croit l'auoir fongée ;
De l'indigne brazier, qui confommoit mon cœur,
Il ne me refte plus, que la feule rougeur ;
Que la honte, & l'horreur, de vous auoir aimée ;

Laisseront à iamais, sur ce front imprimée ;
Oüy, i'en rougis, ingrate, & mon propre courous,
Ne me peut pardonner ce que i'ay fait pour vous ;
Ie veux que la memoire, effacée de ma vie,
Le souuenir du temps, que ie vous ay seruie ;
I'estois mort, pour ma gloire, & ie n'ay pas vescu,
Tant que ce lasche cœur, s'est dit vostre vaincu ;
Ce n'est que d'aujourd'huy qu'il vit, & qu'il respire ;
D'aujourd'huy, qu'il renonce au joug de vostre Em-
   pire,
Et qu'auec ma raison, mes yeux, & luy d'accord,
Detestent vostre veuë, à l'egard de la mort ;

CASSANDRE.

Pour vous en guerir, Prince, & ne leur plus déplaire,
Ie m'impose, moy-mesme, vn exil volontaire,
Et ie mettray grand soin, sçachant ces veritez,
A ne vous plus monstrer, ce que vous detestez ;

Elle
s'en va. *Adieu.*

SCENE TROISIESME.

LE PRINCE, THEODORE.

LE PRINCE interdit la regardant sortir.

QVe faites-vous, ô mes lasches pensées,

SVIVEZ

Suiuez-vous cette ingrate, estes-vous infenfec?
Mais plutost qu'as-tu fait, mon aueugle courroux
Adorable inhumaine, helas où fuyez-vous ?
Ma sœur au nom d'amour & par pitié des larmes,
Que ce cœur enchanté donne encor à ses charmes,
Si vous voulez d'vn frere empescher le trepas
Suiuez cette infenfible & retenez fes pas.

THEODORE.

La retenir, mon frere, apres l'auoir bannie.

LE PRINCE.

Ha contre ma raifon feruez fa tyrannie,
Ie veux defaduoüer ce cœur feditieux,
La feruir, l'adorer, & mourir à fes yeux.
Priué de fon amour ie cheriray fa haine.
J'aimeray fes mépris, ie beniray ma peine.
Se plaindre des ennuis que caufent fes appas,
C'eft fe plaindre d'vn mal qu'on ne merite pas.
Que ie la voys aumoins fi ie ne la poffede,
Mon mal cherit fa caufe, & croift par fon remede.
Quand mon cœur à ma voix a feint de confentir,
Il en eftoit charmé, ie l'en veux démentir;
Je mourois, ie brûlois, ie l'adorois dans l'ame,
Et le Ciel a pour moy fait vn fort tout de flame;
Allez... Mais que fais-tu, ftupide, & lâche amant!
Quel caprice t'aueugle ? as tu du fentiment ?

E

Rentre, Prince sans cœur, un moment en toy-mesme.
Me laissez-vous, ma sœur, en ce desordre extréme?

THEODORE.

J'allois la retenir.

LE PRINCE.

He! ne voyez-vous pas
Quel arrogant mépris precipite ses pas?
Auec combien d'orgueil elle s'est retirée?
Quelle implacable haine elle m'a declarée!
Et que m'exposer plus aux foudres de ses yeux
C'est dans sa frenesie armer vn furieux.
De mon esprit plutost chassez cette cruelle,
Condamnez les pensers qui me parleront d'elle.
Peignez-moy sa conqueste, indigne de mon rang,
Et soustenez en moy l'honneur de vostre sang.

THEODORE.

Ie ne vous puis celer que le traict qui vous blesse
Dedans vn sang Royal treuue trop de foiblesse;
Ie voy de quels efforts vos sens sont combattus,
Mais les difficultez sont le champ des vertus;
Auec un peu de peine on achepte la gloire.
Qui veut vaincre est desia bien prés de la victoire;
Se faisant violence, on s'est bien-tost dompté,
Et rien n'est tant à nous que nostre volonté.

LE PRINCE.

Helas\il est aysé de iuger de ma peine,
Par l'effort qui d'vn téps m'emporte & me rameine;
Et par ces mouuemens si prompts & si puissans,
Tantost sur ma raison & tantost sur mes sens;
Mais quelque trouble enfin qu'ils vo⁹ fassét paroistre
Ie vous croiray, ma sœur, & ie seray mon maistre,
Ie luy laisseray libre, & l'espoir & la foy,
Que son sang luy deffend d'eleuer iusqu'à moy;
Luy souffrant le mépris du rang qu'elle reiette,
Ie la perds pour maistresse,& l'acquiers pour suiette,
Sur qui regnoit sur moy i'ay des droicts absolus
Et la punis assez par son propre refus ;
Ne renaissez donc plus mes flames estouffees,
Et du Duc de Cueilande augmentez les trofees.
Sa victoire m'honore, & m'oste seulement
Vn caprice obstiné, d'aimer trop bassement.

THEODORE.

Quoy, mon frere, le Duc auroit dessein pour elle?

LE PRINCE.

Ce mystere, ma sœur, n'est plus vne nouuelle;
Et mille obseruateurs que i'ay commis exprez
Ont si bien veu leurs feux qu'ils ne sont plus secrets.

THEODORE.

Ha!

LE PRINCE.

C'est de cette amour que procede ma haine;

Et non de sa faueur (quoy que si souueraine)
Que i'ay sujet de dire , auec confusion
Que presque auprez de luy le Roy n'a plus de nom;
Mais puisque i'ay dessein d'oublier cette ingrate,
Il faut en le seruant que mon mépris éclate ;
Et pour auec éclat en retirer ma foy,
Ie vais de leur hymen solliciter le Roy;
Ie mettray de ma main mon riual en ma place,
Et ie verray leur flame auec autant de glace
Qu'en ma plus violente & plus sensible ardeur,
Cet insensible obiet eut pour moy de froideur.

Il s'en va.

SCENE IV.

THEODORE seule.

O Raison égaree ! ô raison suspenduë,
Iamais trouble pareil t'auoit-il confondu ? ?
Sottes presomptions , grandeurs qui nous flattez
Est-il rien de menteur comme vos vanitez ?
Le Duc aime Cassandre ; & i'estois assez vaine,
Pour reputer mes yeux les autheurs de sa peine.
Et bien plus pour m'en plaindre , & les en accuser,
Estimant sa conqueste vn heur à mépriser.
Le Duc ayme Cassandre, & quoy tant d'apparences,
Tant de subiections , d'honneurs, de deferences,

D'ardeurs, d'attachemens, de craintes, de tributs,
N'offroiët-ils à mes loix qu'vn cœur qu'il n'auoit pl°?
Ces souspirs, dont cent fois, la douce violence,
Sortant desauoüee a trahy son silence,
Ces regards par les miens tant de fois rencontrez,
Les deuoirs, les respects, les soins qu'il m'a monstrez,
Prouenoient-ils d'vn cœur qu'vn autre obiet engage?
Sçais-je si mal d'amour expliquer le langage?
Fais-je d'vn simple hommage vne inclination?
Et formay-je vn fantosme à ma presomption?
Mais insensiblement renonçant à moy-mesme
l'auoüeray ma defaite, & ie croiray que i'ayme.
Quand i'en serois capable, aimerois-je où ie veux?
Aux raisons de l'Estat ne dois-je pas mes vœux?
Et ne sommes-nous pas d'innocentes victimes,
Que le gouuernement immole à ses maximes?
Mes vœux en vn vassal honteusement bornez,
Laisseroient-ils pour luy des riuaux couronnez?
Mais ne me flate point, orgueilleuse naissance,
L'amour sçait bien sans sceptre establir sa puissance;
Et sousmettant nos cœurs par de secrets appas
Fait les egalitez, & ne les cherche pas;
Si le Duc n'a le front chargé d'vne Couronne,
C'est luy qui les protege, & c'est luy qui les donne;
Par quelles actions se peut-on signaler,
Que....

SCENE V.

LEONOR ſuiuante. THEODORE.

LEONOR.

Madame, le Duc demande à vous parler.

THEODORE.

Qu'il entre. Mais apres ce que ie viens d'apprendre,
Souffrir vn libre accez à l'amant de Caſſandre,
Agreer ſes deuoirs & le reuoir encor,
Laſche, le dois-je faire? attendez Leonor;
Vne douleur legere à l'inſtant ſuruenuë
Ne me peut auiourd'huy ſouffrir l'heur de ſa veuë.
Faites-luy mon excuſe. O Ciel! de quel poiſon
Elle ſort. Sents-je inopinement attaquer ma raiſon?
Ie voudrois à l'amour paroiſtre inacceſſible,
Et d'vn indifferend la perte m'eſt ſenſible:
Ie ne puis eſtre ſienne, & ſans deſſein pour luy,
Ie ne puis conſentir ſes deſſeins pour autruy.

SCENE VI·

ALEXANDRE, THEODORE, LEONOR.

ALEXANDRE.

Comment ? du Duc ma sœur refuser la visite ?
D'où vo° viẽt ce chagrin? & quel mal vo° l'excite?

THEODORE.

Vn leger mal de cœur qui ne durera pas.

ALEXANDRE.

Vn aduis de ma part portoit ici ses pas.

THEODORE.

Quel ?

ALEXANDRE.

Croyant que Cassandre estoit de la partie.

THEODORE.

A peine deux momens ont suiui sa sortie.

ALEXANDRE.

Et sçachant à quel poinct ses charmes luy sont doux,
Ie l'auois aduerti de se rendre chez vous
Pour vous solliciter vers l'obiet qu'il adore
D'vn secours que ie sçay que Ladistas implore.
Vous cognoissez le Prince , & vous pouuez iuger

Si sous d'honnestes loix amour le peut ranger,
Ses mauuais procedez ont trop dit ses pensées,
On peut voir l'aduenir dans les choses passées ;
Et iuger aysément qu'il tend à son honneur,
Sous ces offres d'hymen vn appas suborneur ;
Mais parlant pour le Duc, si ie vous sollicite,
De la protection d'vne ardeur illicite,
N'en accusez que moy, demandez-moy raison,
Ou de son insolence ou de sa trahison.
C'est moy ma chere sœur qui réponds à Cassandre
D'vn brasier dont iamais on ne verra la cendre,
Et du plus pur amour de qui iamais mortel
Dans le temple d'hymen ait encensé l'Autel ;
Seruez, contre vne impure, vne ardeur si parfaite.

THEODORE se retirant appuyée sur Leonor.

Mon mal s'accroist, mon frere, agreez ma retraite.

ALEXANDRE seul.

O sensible contrainte ! ó rigoureux ennuy !
D'estre obligé d'aimer dessous le nom d'autruy.
Outre que ie pratique vne ame preuenuë,
Quel fruiét peut tirer d'elle vne flame incognuë ?
Et que puis-je esperer sous ce respect fatal   (dre
Qui cache le malade en découurant le mal ?
Mais quoy que sur mes vœux mõ frere ose entrepren-
l'ay tort de craindre rien sous la foy de Cassandre ;
Et certain du secours, & d'vn cœur & d'vn bras
Qui pour la conseruer ne l'épargneroient pas.

ACTE III.

SCENE PREMIERE.

LE DVC de Cueilland fauory.

QVE m'auez-vous produit indiscrettes
    pensees,
Temeraires desirs, passions insensees?
Efforts d'vn cœur mortel, pour d'immor-
    tels appas,
Qu'on a d'vn vol si haut, precipitees si bas;
Espoirs qui iusqu'au Ciel sousleuiez de la terre;
Deuiez-vous pas sçauoir, que iamais le tonnerre,
Qui dessus vostre orgueil enfin vient d'éclater,
Ne pardonne aux desseins que vous oziez tenter;
Quelque profond respect qu'ait eu vostre poursuite,
Vous voyez qu'vn refus vous ordonne la fuite;
Euitez les combats que vous vous preparez,
Iugez-en le peril, & vous en retirez.

F

Qu'ay-je droict d'esperer, si l'ardeur qui me presse
Irrite également le Prince & la Princesse,
Si voulant hazarder, ou ma bouche, ou mes yeux
Ie fais l'vne malade, & l'autre furieux.
Apprenons l'art, mon cœur, d'aimer sans esperance,
Et souffrir des mespris, auecques reuerence.
Resoluons-nous sans honte aux belles laschetez,
Que ne rebuttent pas des deuoirs rebutez ;
Portons sans interest vn ioug si legitime,
N'en ozant estre amant, soyons-en la victime :
Exposons vne esclaue, à toutes les rigueurs
Que peuuent exercer de superbes vainqueurs.

SCENE II.

ALEXANDRE, LE DVC.

ALEXANDRE.

DVc, vn trop long respect me taist vostre pensee,
Nostre amitié s'en plaint & s'é trouue offensee ;
Elle vous est suspecte, ou vous la violez,
Et vous me dérobez ce que vous me celez ;
Qui donne toute vne ame en veut aussi d'entieres,
Et quand vos interests m'ont fourny des matieres,
Pour les bien embrasser, ce cœur vrayement amy
Ne s'est point contenté de s'ouurir à demy ;

Et i'ay d'vne chaleur genereuse & sincere,
Fait pour vous tout l'effort que l'amitié peus faire :
Cependant vous semblez, encor mal asseuré,
Mettre en doute vn serment si sainctement iuré,
Ie lis sur vostre front des passions secrettes,
Des sentimens cachez, des atteintes muettes,
Et d'vn œil qui vous plaint, & toutefois jaloux,
Voy que vous reseruez, vn secret tout à vous.

LE DVC.

Quand i'ay creu mes ennuis capables de remede,
Ie vous en ay fait part, i'ay reclamé vostre aide.
Et i'en ay veu l'effect si boüillant & si prompt
Que le seul souuenir m'en charme & me confond ;
Mais quand ie croy mon mal de secours incapable,
Sans vous le partager il suffit qu'il m'accable ;
Et c'est assez & trop qu'il fasse vn malheureux,
Sans passer iusqu'à vous, & sans en faire deux.

ALEXANDRE.

L'amy qui souffre seul fait vne iniure à l'autre,
Ma part de vostre ennuy diminuëra la vostre ;
Parlez, Duc, & sans peine ouurez moy vos secrets,
Hors de vostre party ie n'ay plus d'interests ;
J'ay sceu que vostre grande & derniere iournée
Par la main de l'amour veut estre couronnée ;
Et que voulant au Roy qui vous en doit le prix

F ij

Declarer la beauté qui charme vos efprits ;
D'vn frere impetueux l'ordinaire infolence
Vous a fermé la bouche, & contraint au filence ;
Souffrez, fans expliquer l'intereft qu'il y prend,
Que i'en aille pour vous vuider le differend ;
Et ne m'en faites point craindre les confequences ;
Il faut qu'enfin quelqu'vn reprime fes licences ;
Et le Roy ne pouuant nous en faire raifon
Ie me treuue & le cœur & le bras affez bon ;
Mais m'offrant à feruir les ardeurs qui vous preffent
Que i'apprenne du moins à qui vos vœux s'adreffent.

LE DVC.

I'ay veu de vos bontez des effects affez grands,
Sans vous faire auec luy de nouueaux differends ;
Sans irriter fa haine, elle eft affez aigrie.
Il eft Prince, Seigneur, refpectons fa furie ;
A ma mauuaife étoile imputons mon ennuy,
Et croyons-en le fort plus coupable que luy.
Laiffez à mon amour taire vn nom qui l'offenfe,
I'ay des refpects encor plus forts que fa defenfe.
Et qui plus qu'aucun autre ont droict de me lier,
Tout precieux qu'il m'eft, m'ordonnent d'oublier,
Laiffez-moy retirer d'vn champ d'où ma retraite
Peut feule à l'ennemi dérober ma deffaite.

ALEXANDRE.

Ce silence obstiné m'apprend vostre secret,
Mais il tombe en vn sein, genereux & discret,
Ne me le celez plus, Duc, vous aimez Cassandre;
C'est le plus digne obiect où vous puissiez pretendre;
Et celui dont le Prince adorant son pouuoir
A le plus d'interest d'esloigner vostre espoir;
Traitant l'amour pour moy vostre propre franchise
A donné dans ses rets, & s'y treuue surprise;
Et mes desseins pour elle aux vostres preferez
Sont ces puissans respects, à qui vous deferez :
Mais vous craignez à tort qu'vn ami vous accuse
D'vn crime, dont Cassandre est la cause & l'excuse;
Quelque auguste ascendãt qu'ayĕt sur moy ses apas.

LE DVC.

Ne vous estonnez point si ie ne responds pas;
Ce discours me surprend, & cette indigne plainte
Me liure vne si rude & si sensible attainte,
Qu'égaré, ie me cherche, & demeure en suspends
Si c'est vous qui parlez, ou moy qui vous attends.
Moy, vous trahir, Seigneur, moy, sur cette Cassandre
Prés de qui ie vo⁹ sers, pour moy-mesme entreprĕdre
Sur vn amour si stable & si bien affermi;
Vous me croyez bien lasche, ou bien peu vostre ami.

ALEXANDRE.

Croiriez-vous l'adorant m'alterer voftre eftime.

LE DVC.

Me pourriez-vous aimer, coupable de ce crime!

ALEXANDRE.

Confident, ou riual, ie ne vous puis haïr;

LE DVC.

Sincere & genereux ie ne vous puis trahir.

ALEXANDRE.

L'amour furprẽd les cœurs, & s'ẽ rẽd biẽ toft maiftre.

LE DVC.

La furprife ne peut iuftifier vn traiftre;
Et tout homme de cœur pouuant perdre le iour :
A le remede en main des furprifes d'amour.

ALEXANDRE.

Pardonnez vn foupçon, non pas vne creance
Qui naiffoit du defaut de voftre confiance.

LE DVC.

Ie veux bien l'oublier, mais à condition
Que ce mefme defaut foit fa punition;
Et qu'il me foit permis vne fois ' me taire,
Sans que voftre amitié s'en plaigr ou s'en altere.

Au reste, (& cet aduis) s'ils vous estoient suspects
Vous peut iustifier mes soins & mes respects.
Cassandre par le Prince est si persecutee
Et d'agents si puissans, pour luy sollicitee,
Que si vous luy voulez sauuer sa liberté
Il n'est plus temps d'aimer sous vn nom emprunté,
Assez & trop long-temps sous ma feinte poursuite
l'ay de vostre dessein mesnagé la conduite;
Et vos vœux sous couleur de seruir mon amour
Ont assez esbloüy tous les yeux de la Cour.
De l'artifice enfin, il faut bannir l'vsage,
Il faut leuer le masque, & monstrer le visage;
Vous deuez de Cassandre establir le repos,
Qu'vn riual persecute, & trouble à tout propos
Son amour, en sa foy vous a donné des gages.
Il est temps que l'hymen regle vos aduantages.
Et faisant l'vn heureux en laisse vn mécontent.
L'aduis vient de sa part, il vous est important.
Je vous tais cent raisons qu'elle m'a fait entendre
Arriuant chez l'Infante, où ie viens de la rendre;
Qui hautement du Prince embrassant le party,
La mande, (s'il est vray ce qu'elle a pressenty)
Pour d'vn nouuel effort en faueur de sa peine
Mettre encor vne fois son esprit à la gesne.
Gardez-vous de l'humeur d'vn sexe ambitieux
L'esperance d'vn sceptre est brillante à ses yeux.
Et de ce soin enfin vn hymen vous libere.

ALEXANDRE.

Mais me libere-t'il du pouuoir de mon pere,
Qui peus....

LE DVC.

  Si voſtre amour defere à ſon pouuoir,
Et ſi vous vous reglez par la loy du deuoir;
Ne precipitez rien qu'il ne vous ſoit funeſte,
Mais vous ſouffrès bien peu d'vn trãſport ſi modeſte,
Et l'ardent procedé, d'vn frere impetueux
Marque bien plus d'amour qu'vn ſi reſpectueux.

ALEXANDRE.

Non, non, ie laiſſe à part les droicts de la nature,
Et commets à l'amour toute mon aduenture,
Puis qu'il fait mon deſtin, qu'il regle mon deuoir,
Ie prends loy de Caſſandre, eſpouſons dés ce ſoir;
Mais Duc, gardons encor d'éuenter nos pratiques,
Trõpons pour quelques iours iuſqu'à ſes domeſtiques
Et hors de ſes plus chers dont le zele eſt pour nous,
Aueuglons leur creance & paſſez pour l'époux.
Puis l'hymen accompli ſous vn heureux auſpice,
Que le temps parle apres & faſſe ſon office,
Il n'excitera plus qu'vn impuiſſant courroux,
Ou d'vn pere ſurpris, ou d'vn frere jaloux.

LE DVC.

Quoy que visiblement mon credit se hazarde
Ie veux bien l'exposer, pour ce qui vous regarde,
Et plus vostre que mien, ne puis auec raison,
Auoir donné mon cœur, & refuser mon nom ;
Le vostre......

SCENE III·

CASSANDRE, ALEXANDRE, LE DVC.

CASSANDRE en colere de chez l'Infante.

ET bien, Madame, il faudra se resoudre
A voir sur nostre sort tomber ce coup de foudre ;
Vn fruict de vostre aduis s'il nous iette si bas,
Et que la cheute au moins ne nous surprendra pas.
Ha ! Seigneur, mettez fin à ma triste aduenture, Aduisant
l'Infant.
Mettra-s'on tous les iours mon ame à la torture ?
Souffriray-je long-temps vn si cruel tourment ?
Et ne vous puis-je, enfin, aimer impunément ?

ALEXANDRE.

Quel outrage, Madame, émeut vostre colere ?
CASSANDRE.
La fureur d'vne sœur, pour l'interest d'vn frere ;

G

Son tyrannique effort veut éblouïr mes vœux,
Par le lustre d'vn ioug éclatant & pompeux ;
On pretend m'aueugler auec vn diadéme,
Et l'on veut malgré moy que ie regne, & que i'aime :
C'est l'ordre qu'on m'impose, où le Prince irrité
Abandonnant sa haine à son authorité,
Doit laisser aux neveux le plus tragique exemple,
Et d'vn mespris vengé la marque la plus ample
Dont le sort ait iamais son pouuoir signalé,
Et dont iusques ici les siecles ayent parlé.
Voila les complimens que l'amour leur suscite,
Et les tendres motifs dont on me sollicite.

ALEXANDRE.

Rendez, rendez le calme à ces charmans appas ;
Laissez gronder le foudre, il ne tombera pas ;
Ou l'artizan des maux que le sort vous destine,
Tombera le premier dessous vostre ruine ;
Fondez vostre repos en me faisant heureux,
Couppons dés cette nuict tout accez à ses vœux,
Et voyez sans frayeur, quoy qu'il ose entreprendre,
Quand vous m'aurez comis vne femme à defendre,
Et quand ouuertement, en qualité d'époux,
Mon deuoir m'enioindra de répondre de vous.

LE DVC.

Preuenez dés ce soir l'ardeur qui le transporte.

Aux desseins importans la diligence importe.
L'ordre seul de l'affaire est à considerer:
Mais tirons-nous d'icy pour en deliberer.

CASSANDRE.

Quel trouble ? quelle allarme? & quels soins me pos-
sedent ?

SCENE IV.

LE PRINCE, ALEXANDRE, CASSANDRE, LE DVC.

LE PRINCE.

MAdame, il ne se peut que mes vœux ne succe-
dent ,
J'aurois tort d'en douter, & de redouter rien
Auec deux Confidens qui me seruent si bien ,
Et dont l'affection part du profond de l'ame ,
Ils vous parloïët (sans doute) en faueur de ma flame.

CASSANDRE.

Vous les desaduoüeriez de m'en entretenir ,
Puis que ie suis si mal en vostre souuenir ,
Qu'il veut mesme effacer du cours de vostre vie,
La memoire du temps que vous m'auez seruie ;

Et qu'auec luy vos yeux & voftre cœur d'accord
Deteftent ma prefence, à l'egard de la mort.

LE PRINCE.

Vous en faites la vaine, & tenez ces paroles
Pour des propos en l'air, & des contes friuoles.
L'amour me les dictoit, & i'eftois tranfporté,
S'il s'en faut rapporter, à voftre vanité :
Mais fi i'en fuis bon iuge, & fi ie m'en dois croire
Ie voy peu de matiere à tant de vaine gloire :
Ie ne voy point en vous d'appas fi furprenans
Qu'ils vous doiuent donner des titres eminens :
Rien ne releue tant l'éclat de ce vifage :
Ou vous n'en mettez pas tous les traits en ufage.
Vos yeux ces beaux charmeurs, auec tous leurs appas
Ne font point accufez de tant d'affaffinats.
Le joug que vous croyez tomber fur tant de teftes
Ne porte point fi loin le bruit de vos conqueftes,
Hors vn feul, dont le cœur fe donne à trop ban pris :
Voftre empire s'eftend fur peu d'autres efprits.
Pour moy qui fuis facile, & qui bien-toft me bleffe,
Voftre beauté m'a pleu, i'auoüeray ma foibleffe,
Et m'a coufté des foins, des deuoirs & des pas,
Mais du deffein, ie croy, que vous n'en doutez pas :
Vous auez eu raifon de ne vous pas promettre
Vn hymen que mon rang ne me pouuoit permettre.
L'intereft de l'Eftat qui doit regler mon fort,

'Auecque mon amour, n'en eſtoit pas d'accord :
Auec tous mes efforts i'ay manqué de fortune,
Vous m'auez reſiſté la gloire en eſt commune :
Si contre vos refus i'euſſe creu mon pouuoir,
Vn facile ſuccez euſt ſuiui mon eſpoir :
Dérobant ma conqueſte elle m'eſtoit certaine,
Mais ie n'ay pas treuué qu'elle en valuſt la peine :
Et bien moins de vous mettre au rang où ie pretends,
Et de vous partager le ſceptre que i'attends.
Voila toute l'amour que vous m'auez cauſee,
Si vous en croyez plus, ſoyez deſabuſee,
Voſtre mépris enfin m'en produit vn commun ;
Je n'ay plus reſolu de vous eſtre importun :
I'ay perdu le deſir auec l'eſperance,
Et pour vous témoigner de quelle indifference
I'abandonne vn plaiſir que i'ay tant pourſuiui,
Ie veux rendre vn ſeruice à qui m'a deſſeruì.
Ie ne vous retiens plus, conduiſez-la mon frere.
Et vous Duc, demeurez.

CASSANDRE donnant la main à Alexandre.

O la noble colere !
Conſeruez-moy long-temps ce genereux mépris,
Et que bien-toſt, Seigneur, vn trône en ſoit le pris !

SCENE V.

LE PRINCE, LE DVC.
LE PRINCE bas.

Dieux ! auec quel effort & quelle peine extréme
Ie côsens ce depart qui m'arrache à moi-méme,
Et qu'vn rude combat m'affranchit de sa loy.
Duc, i'allois pour vous voir, & de la part du Roy.

LE DVC.

Quelque loy qu'il m'impose elle me sera chere.

LE PRINCE.

Vous sçauez, s'il vous aime, & s'il vous considere :
Il vous faict droict aussi, quand il vous aggrandit,
Et sur vostre vertu fonde vostre credit.
Cette mesme vertu, condamnant mon caprice,
Veut qu'en vostre faueur ie souffre sa iustice,
Et le laisse acquitter à vos derniers exploicts
Du prix que sa parole a mis à vostre choix.
Vsez donc pour ce choix du pouuoir qu'il vous donne,
Venez choisir vos fers, qui sont vostre Couronne ;
Declarez-luy l'obiet que vous considerez,
Ie ne vous defends plus l'heur où vous aspirez :

Et de voftre valeur, verray la recompenfe :
Comme fans intereft, aufsi fans repugnance.

LE DVC.

Mon efpoir auoüé par ma temerité,
Du fuccez de mes vœux autrefois m'a flatté :
Mais, depuis mon malheur, d'eftre en voftre difgrace,
Vn vifible mefpris a deftruit cette audace,
Et qui fe voit des yeux, le commerce interdit,
Eft bien vain, s'il efpere & vante fon credit.

LE PRINCE.

Loin de vous defferuir & vous eftre contraire,
Ie vais de voftre hymen folliciter mon pere ;
I'ay defia fa parole, & s'il en eft befoin
Prés de cette beauté, vous offre encor mon foin.

LE DVC.

En vain ie l'obtiendray de fon pouuoir fuprefme
Si ie ne puis encor l'obtenir d'elle-mefme.

LE PRINCE.

Ie croy que les moyens vous en feront aifez.

LE DVC.

Vos foins en ma faueur les ont mal difpofez.

LE PRINCE.

Auec voſtre vertu ma faueur eſtoit vaine.

LE DVC.

Mes efforts eſtoient vains , auecque voſtre haine.

LE PRINCE.

Mes intereſts ceſſez releuent voſtre eſpoir,

LE DVC.

Mes vœux humiliez, reuerent mon deuoir.
Et l'ame qu'vne fois on a perſuadee
A trop d'attachement à ſa premiere idée,
Pour reprendre ſi toſt l'eſtime ou le meſpris,
Et guerir aiſément d'vn degouſt qu'elle a pris.

SCENE VI.

LE ROY, LE PRINCE, LE DVC, GARDES.

LE ROY au Duc.

V Enez heureux appuy que le Ciel me ſuſcite,
   Degager ma promeſſe enuers voſtre merite;
D'vn cœur ſi genereux ayant ſeruy l'Eſtat
Vous deſſeruez ſon Prince en le laiſſant ingrat;
l'engagé mon honneur engageant ma parole,
Le prix qu'on vous retiët eſt vn bien qu'on vous vole,
Ne me le laiſſez plus, puiſque ie vous le dois,
Et declarez l'objet dont vous auez fait chois.

                            En

En voſtre recompenſe éprouuez ma iuſtice ,
Du Prince la raiſon a guery le caprice.
Il prend vos intereſts, voſtre heur luy ſera doux,
Et qui vous deſſeruoit, parle à preſens pour vous.

LE PRINCE bas.

Contre moy mon riual obtient mon aßiſtance !
A quelle épreuue, ô Ciel ! reduis-tu ma conſtance ?

LE DVC.

Le prix eſt ſi conioint à l'heur de vous ſeruir,
Que c'eſt vne faueur qu'on ne me peut rauir ;
Ne faites point, Seigneur, par l'offre du ſalaire ,
D'vne action de gloire vne œuure mercenaire ;
Pouuoir dire, ce bras a ſerui Venceſlas,
N'eſt-ce pas vn loyer digne de cent combats ?

LE ROY.

Non, non, quoy que ie doiue à ce bras indomptable,
C'eſt trop que voſtre Roy ſoit voſtre redeuable ;
Ce grand cœur refuſant, intereſſe le mien ,
Et me demande trop, en ne demandant rien.
Faiſons par vos trauaux, & ma recognoiſſance ,
Du maiſtre & du ſuiet diſcerner la puiſſance ;
Mon renom ne vous peut ſouffrir ſans ſe ſoüiller,
La generoſité, qui m'en veut dépoüiller.

H

LE DVC.

N'attifez point vn feu que vous voudrez étcindre,
J'ayme en vn lieu, Seigneur, où ie ne puis atteindre,
Ie m'en cognois indigne, & l'objet que ie fers
Dedaignant fon tribut, defaduoüeroit mes fers.

LE ROY.

Les plus puiſſans Eſtats n'ont point de Souueraines,
Dont ce bras ne merite, & n'honoraſt les chaiſnes,
Et mon pouuoir enfin, ou fera fans effect,
Ou vous répond du don que ie vous auray fait.

LE PRINCE bas.

Quoy? l'hymen qu'on denie à l'ardeur qui me preſſe
Au lict de mon riual va mettre ma maiſtreſſe?

LE DVC.

Ma defenfe à vos loix n'ofe plus repartir.

LE PRINCE.

Non, non, lafche riual, ie n'y puis confentir.

LE DVC.

Et forcé par voſtre ordre à rompre mon filence,
Ie vous obeiray, mais auec violence.
Certain de vous déplaire en vous obeiſſant,
Plus, que n'obſeruant point, vn ordre ſi preſſant;

I'auoüeray donc, grãd Roy, que l'obiet qui me tcuche.

LE PRINCE.

Duc , encor vne fois ie vous ferme la bouche ,
Et ne vous puis souffrir voftre presomption.

LE ROY.

Infolent !

LE PRINCE.

J'ay fans fruict vaincu ma paßion
Pour fouffrir fon orgueil, Seigneur, & vous cõplaire.
J'ay fait tous les efforts que la raifon peut faire ;
Mais en vain mon refpect tafche à me contenir ,
Ma raifon de mes fens ne peut rien obtenir ;
Ie fuy ma paßion, fuiuez, voftre colere,
Pour vn fils fans refpect, perdez l'amour d'vn pere;
Tranchez le cours du temps à mes iours deftiné ,
Et reprenez le fang que vous m'auez donné ,
Ou fi voftre iuftice épargne encor ma tefte,
De ce prefomptueux reiettez la requefte:
Et de fon infolence humiliez l'cxcez,
Ou fa mort à l'inftant en fuiura le fuccez.

Il s'en va
furicux.

H ij

SCENE VII.

LE ROY, LE DVC, GARDES.

LE ROY.

GArdes, qu'on le saisisse.

LE DVC les arrestant.

Ha! Seigneur, quel azyle
A conseruer mes iours, ne seroit inutile?
Et me garantiroit contre vn soûleuement.
Accordez-moy sa grace, ou mon éloignement.

LE ROY.

Qu'aucun soin ne vous trouble, & ne vo° importune,
Duc, ie feray si haut monter vostre fortune,
D'vn credit si puissant i'armeray vostre bras,
Et ce seditieux vous verra de si bas,
Que iamais d'aucun traict de haine ny d'enuie
Il ne pourra liurer d'atteinte à vostre vie.
Que l'instinct enragé qui meut ses passions
Ne mettra plus de borne à vos pretentions.
Qu'il ne pourra heurter vostre pouuoir supresme,
Et que tous vos souhaits dependront de vous-mesme.

Fin du troisiesme Acte.

ACTE IV.

SCENE PREMIERE.
THEODORE, LEONOR.
THEODORE.

 *A Dieu! que cet effroy me trouble & me*
confond;
Tu vois que ton rapport à mon songe ré-
pond,
Et sur cette frayeur tu condamnes mes larmes!
Ie me mets trop en peine, & ie prends trop d'alarmes!

LEONOR.

Vous en prenez sans doute vn peu legerement
Pour n'auoir pas couché dans son appartemens.
Est-ce vn si grand sujet d'en prendre l'épouuente?
Et de souffrir qu'vn songe à ce poinct vous tourmente?
Croyez-vous que le Prince en cet âge de feu
Où le corps à l'esprit s'assuiettit si peu?
Où l'ame sur les sens n'a point encor d'empire?

H iij

Où touſiours le plus froid pour quelque objet ſoûpire,
Viue auecque tout l'ordre & toute la pudeur
D'où dépend noſtre gloire & noſtre bonne odeur?
Cherchés vo° des clartés dãs les nuits d'vn ieune hõme
Que le repos tourmente, & que l'amour conſomme?
C'eſt les examiner d'vn ſoin trop curieux,
Sur leurs deportemens, il faut fermer les yeux;
Pour n'en point eſtre peine, il n'en faut rien apprẽdre,
Et ne cognoiſtre point ce qu'il faudroit reprendre.

THEODORE.

Vn ſonge interrompu, ſans ſuite, obſcur, confus,
Qui paſſe en vn inſtant, & puis ne reuient plus,
Fait deſſus noſtre eſprit vne legere atteinte,
Et nous laiſſe imprimee, ou point, ou peu de crainte;
Mais les ſonges ſuiuis, où dont à tout propos
L'horreur ſe remonſtrant interrompt le repos,
Et qui diſtinctement marquent les aduentures,
Sont des aduis du Ciel pour les choſes futures.
Helas! i'ay veu la main qui luy perçoit le flanc!
l'ay veu porter le coup, i'ay veu couler ſon ſang,
Du coup d'vne autre main i'ay veu voler ſa teſte,
Pour receuoir ſon corps i'ay veu ſa tombe preſte,
Et m'écriant d'vn ton qui t'auroit fait horreur,
l'ay diſſipe mon ſonge, & non pas ma terreur.
Cet effroy, de mon lict, auſſi-toſt m'a tiree,
Et, comme tu m'as veuë, interdite, égaree,

Sans toy ie me rendois en son appartement,
D'où i'apprends que ma peur n'est pas sans fondement,
Puisque ses gens t'ont dit... Mais que voy-je?

SCENE II.

OCTAVE, LE PRINCE, THEODORE, LEONOR.

OCTAVE.

H A Madame!

THEODORE à Leonor.

Et bien?

OCTAVE.

Sans mon secours le Prince rendoit l'ame.

THEODORE.

Prenois-je, Leonor, l'allarme hors de propos.

LE PRINCE.

Souffrez-moy sur ce siege vn moment de repos.
Debile, & mal remis encor de la foiblesse
Où ma perte de sang, & ma cheute me laisse;
Ie me traisne auec peine, & i'ignore où ie suis.

THEODORE.

Ha mon frere!

LE PRINCE.

Ha ma sœur! sçauez-vous mes ennuis?

THEODORE.

O songe! auant-coureur d'auenture tragique,
Combien sensiblement cet accident t'explique ;
Par quel malheur, mon frere, ou par quel attentat
Vous voy-je en ce sanglant & deplorable estat ?

LE PRINCE.

Vous voyez ce qu'amour & Cassandre me couste ,
Mais faites obseruer qu'aucun ne nous écoute.

THEODORE *faisant signe à Leonor qui va voir*
si personne n'écoute.

Soignez-y, Leonor.

LE PRINCE.

Vous auez veu, ma sœur
Mes plus secrets pensers iusqu'au fond de mon cœur,
Vous sçauez les efforts que i'ay faits sur moy-mesme
Pour secoüer le joug de cette amour extreme,
Et retirer d'vn cœur indignement blessé
Le traict empoisonné que ses yeux m'ont lancé.
Mais, quoy que i'entreprenne, à moy-mesme infidele,
Contre mon iugement, mon esprit se rebelle ;
Mon cœur de son seruice à peine est diuerty,
Qu'au premier souuenir il reprend son party ;
Tu as de droict sur nous, malheureux que no' sommes
Cet amour, non amour, mais ennemy des hommes.

I'ay

J'ay, pour aucunement couurir ma lâcheté,
Quand ie souffrois le plus, feint plus de santé.
Rebuté des mespris qu'elle a faits d'vn esclaue,
I'ay fait du souuerain, & i'ay tranché du vraue,
Bien plus, i'ay, furieux, inegal, interdit,
Voulu pour mon riual employer mon credit.
Mais, au moindre penser, mon ame transportee
Contre mon propre effort s'est tousiours reuoltee;
Et l'ingrate beauté dont le charme m'a pris
Peut plus que ma colere, & plus que les mépris:
Sur ce qu'Octaue enfin, hier, me fist entendre,
L'hymen qui se traictoit, du Duc, & de Cassandre;
Et que ce couple heureux consommoit cette nuict.

OCTAVE.

Pernicieux aduis, helas! qu'as-tu produit?

LE PRINCE.

Succombant tout entier à ce coup qui m'accable,
De tout raisonnement, ie deuiens incapable.
Faits retirer mes gens, m'enferme tout le soir,
Et ne prends plus aduis que de mon desespoir;
Par vne fausse porte, enfin, la nuict venuë,
Ie me dérobe aux miens, & ie gagne la ruë,
D'où, tout soin, tout respect, tout iugement perdu,
Au Palais de Cassandre en mesme temps rendu,
I'escalade les murs, gaigne vne gallerie,
Et cherchant vn endroit commode à ma furie,

I

Descends sous l'escalier, & dans l'obscurité
Prepare à tout succez mon courage irrité,
Au nom du Duc, enfin, i'entends ouurir la porte,
Et suiuant à ce nom la fureur qui m'emporte,
Cours, éteins la lumiere, & d'vn aueugle effort
De trois coups de poignard blesse le Duc à mort.

THEODORE *effrayce s'appuyant sur Leonor.*

Le Duc? qu'entends-je? helas!

LE PRINCE.

A cette rude atteinte
Pendant qu'en l'escalier tout le monde est en plainte,
Luy, m'entendant tomber le poignard, sous ses pas,
S'en saisit, me poursuit, & m'en atteint au bras.
Son ame à cet effort de son corps se separe,
Il tombe mort.

THEODORE.

O rage inhumaine & barbare!

LE PRINCE.

Et moy, par cent destours, que ie ne cognois pas,
Dans l'horreur de la nuict ayant traisné mes pas;
Par le sang que ie perds mon cœur enfin se glace,
Ie tombe, & hors de moy, demeure sur la place;
Tant qu'Octaue passant, s'est donné le souci
De bander ma blessure, & de me rendre ici.
Où (non sans peine encor) ie reuiens en moy-mesme.

THEODORE appuyee fur Leonor.

Ie fuccombe, mon frere, à ma douleur extréme.
Ma foibleffe me chaffe, & peut rendre euident
L'intereft que ie prends dedans voftre accident.
Souftien moy, Leonor; ᵇᵃˢ· Mon cœur es-tu fi tendre
Que de donner des pleurs à l'efpoux de Caffandre?
Et vouloir mal au bras qui t'en a degagé,
Cet hymen t'offenfoit, & fa mort t'a vengé.

S'en
allant.

SCENE III.

LE PRINCE, OCTAVE.
OCTAVE.

Defia du iour, Seigneur, la lumiere naiffante
Fait voir par fon retour la Lune paliffante.

LE PRINCE.

Et va produire aux yeux les crimes de la nuict.

OCTAVE.

Mefme au cartier du Roy i'entends defia du bruit.
Allons vous rẽdre au lict, que quelqu'vn ne furuiẽne.

LE PRINCE.

Qui fouhaite la mort, craint peu quoy qu'il aduienne;
Mais allons, conduis-moy.

I ij

SCENE IV.

LE ROY, GARDES, LE PRINCE,
OCTAVE.

LE ROY.

M*On fils?*

LE PRINCE.

Seigneur?

LE ROY.

Helas!

OCTAVE.

O fatale rencontre!

LE ROY.

Eſt-ce vous, Ladiſlas!
Dont la couleur éteinte & la voix égarée
Ne marquent plus qu'vn corps dõt l'ame eſt ſeparee?
En quel lieu, ſi ſaiſi, ſi froid, & ſi ſanglant
Adreſſez-vous ce pas, incertain, & tremblant?
Qui vous a ſi matin tiré de voſtre couche?
Quel trouble vous poſſede & vous ferme la bouche?

LE PRINCE se remettant sur sa chaise.

Que luy diray-je ? Helas !

LE ROY.

      Répondez-moy, mon fils.

Quel fatal accident....

LE PRINCE.

     Seigneur, ie vous le dis ;
l'allois, i'eſtois, l'amour a ſur moy tant d'empire ....
ie me confonds, Seigneur, & ne vous puis rien dire.

LE ROY.

D'vn trouble ſi confus vn eſprit aſſailly
Se confeſſe coupable, & qui craint a failly ;
N'auez-vous point eu priſe auec voſtre frere ?
Voſtre mauuaiſe humeur luy fut touſiours contraire.
Et ſi pour l'en garder mes ſoins n'auoient pouruëu ...

LE PRINCE.

M'a-t'il pas satisfait ? Non, ie ne l'ay point veu.

LE ROY.

Qui vous réueille donc auant que la lumiere
Ait du Soleil naiſſant commencé la carriere ?

LE PRINCE.

N'auez-vous pas auſſi precedé ſon réueil ?

LE ROY.

Ouy, mais i'ay mes raiſons qui bornent mon ſommeil,

I iij

Ie me voy, Ladiſlas, au declin de ma vie,
Et ſçachant que la mort l'aura bien-toſt rauie
Ie dérobe au ſommeil, image de la mort,
Ce que ie puis du temps qu'elle laiſſe à mon ſort;
Prés du terme fatal preſcrit par la nature,
Et qui me fait du pied toucher ma ſepulture;
De ces derniers inſtants dont il preſſe le cours
Ce que i'oſte à mes nuits, ie l'adiouſte à mes iours.
Sur mon couchant enfin, ma debile paupiere
Me meſnage auec ſoin ce reſte de lumiere;
Mais quel ſoin peut du lict vous chaſſer ſi matin,
Vous à qui l'âge, encor, garde vn ſi long deſtin?

LE PRINCE.

Si vous en ordonnez, auec voſtre Iuſtice
Mon deſtin de bien prés touche ſon precipice;
Ce bras (puis qu'il eſt vain de vous deguiſer rien)
A de voſtre Couronne abbattu le ſouſtien;
Le Duc eſt mort, Seigneur, & i'en ſuis l'homicide.
Mais i'ay deu l'eſtre.

LE ROY.

O Dieu! le Duc eſt mort, perfide!
Le Duc eſt mort barbare! & pour excuſe enfin
Vous auez eu raiſon d'eſtre ſon aſſaſſin!
A cette épreuue, ô Ciel, mets-tu ma patience?

SCENE V.

LE DVC, LE ROY, LE PRINCE,
OCTAVE, GARDES.

LE DVC.

L A Duchesse, Seigneur, vous demande audience.

LE PRINCE.

Que vois-je? quel fantosme? & quelle illusion
De mes sens égarez croist la confusion?

LE ROY.

Que m'auez-vo⁹ dit, Prince? & par quelle merueille
Mon œil peut-il si-tost dementir mon oreille?

LE PRINCE.

Ne vous ay-ie pas dit, qu'interdit & confus
Ie ne pouuois rien dire, & ne resonnois plus.

LE ROY.

Ha Duc! il estoit temps de tirer ma pensee
D'vne erreur qui l'auoit mortellement blessee,
Differant d'vn instant le soin de l'en guerir
Le bruit de vostre mort m'alloit faire mourir.
Iamais cœur ne conceut vne douleur si forte,
Mais que me dites-vous?

LE DVC.

Que Caſſandre à la porte
Demandoit à vous voir,

LE ROY.

Qu'elle entre.

LE PRINCE bas.

O iuſtes Cieux!
M'as-tu trôpé ma main? me trôpez-vous mes yeux?
Si le Duc eſt viuant, quelle vie ay-je éteinte?
Et de quel bras, le mien, a-t'il receu l'atteinte?

SCENE VI.

CASSANDRE, LE ROY, LE PRINCE, LE DVC, OCTAVE, GARDES.

CASSANDRE aux pieds du Roy pleurant.

GRand Roy de l'innocence auguſte protecteur,
Des peines & des prix iuſte diſpenſateur;
Exemple de iuſtice inuiolable & pure,
Admirable à la race, & preſente & future;
Prince & pere à la fois, vengez-moy, vengez-vous,
Auec voſtre pitié meſlez voſtre courroux,
Et rendez auiourd'huy d'vn iuge inexorable,

Vne

Vne marque, aux Neueux, à iamais memorable.

LE ROY. la faisant leuer.

Faites trefue , Madame auecques les douleurs ,
Qui vous couppent la voix , & font parler vos pleurs !

CASSANDRE.

Voſtre Maieſté , Sire , à cogneu ma famille !

LE ROY.

Vrſin de Cunisberg , de qui vous eſtes fille ,
Eſt deſcendu d'ayeux , yſſus de ſang Royal ,
Et me fut vn voiſin , Genereux , & loyal.

CASSANDRE.

Vous ſçauez , ſi pretendre, vn de vos fils pour Gendre ,
Euſt au rang qu'il tenoit , eſté trop entreprendre !

LE ROY.

L'amour n'offenſe point , dedans l'egalité ;

CASSANDRE.

Tous deux , ont eu deſſein , deſſus ma liberté.
Mais auec difference , & d'obiet , & d'eſtime ,
L'vn qui me creut honneſte , eut vn but legitime ,

K

Et l'autre , dont l'amour fol , & capricieux ,
Douta de ma sagesse , en eut vn vicieux ;
I'eus bien-tost d'eux aussi , des sentimens contraires ,
Et quoy qu'ils soient vos fils , ne les treuuay point freres ;
Ie ne les puis aymer , ny hayr à demy ,
Ie tins l'vn pour amant , l'autre pour ennemy ;
L'Infant , par sa vertu , s'est sousmis ma franchise ,
Le prince par son vice , en a manqué la prise ;
Et par deux differends , mais loüables effets ,
I'ayme en l'vn , vostre sang , en l'autre ie le hays ;
Alexandre , qui veid son riual en son frere ,
Et qui craignit , d'ailleurs , l'authorité d'vn pere ;
Fist , quoy qu'autant ardent , que prudent & discret ,
De nostre passion , vn commerce secret ;
Et sous le nom du Duc , déguisant sa poursuitte ,
Mesnagea nostre veuë , auec tant de conduitte
Que toute Versouie , à creu iusqu'auiourd'huy.
Qu'il parloit pour de Duc , quand il parloit pour luy ;
Cette adresse à trompé , iusqu'à nos domestiques ;
Mais craignant , que le Prince , à bout de ses pratiques ,
(Comme il croit tant pouuoir , auec impunité ,)
Ne suiuist la fureur , d'vn amour irrité ,
Et dessus mon honneur , ozast trop entreprendre ,
Nous creusmes que l'Hymé , pouuoit seul m'en deffedre ,
Et l'heure prise , enfin , pour nous donner les mains.

Et bornant son espoir , destruire ses desseins ,
Hier , (desia le sommeil , sement par tout ses charmes ,
(En cét endroit , Seigneur , laissez couler mes larmes ; Cl̄e̅ vant
Leurs cours vient d'vne source , à ne tarir iamais ,)
L'Infant , de cét Hymen , esperant le succez ,
Et de peur de soupçon , arriuans sans escorte ,
A peine eut mis le pied sur le seuil de la porte ,
Qu'il sent , pour tout accueil , vne barbare main ,
De trois coups de poignard , luy trauerser le sein :

LE ROY.

O Dieu ? l'Infant est mort !

LE PRINCE. bas.

O mon aueugle rage ,
Tu t'es bien satisfaite , & voila ton ouurage :

CASSANDRE.

Le Roy
sied, & m
son mot
choit sur
son visag.

Ouy , Seigneur , il est mort , & ie suiuray ses pas ,
A l'instant , que i'auray , veu vanger son trespas ;
I'en cognois le meurtrier , & i'attends son supplice ,
De vos ressentimens , & de vostre Iustice ;
C'est vostre propre sang , Seigneur , qu'on a versé ,
Vostre viuant pourtrait , qui se treuue effacé :
I'ay besoin d'vn vangeur , ie n'en puis choisir d'autre.

K ij

Le mort est vostre fils, & ma cause est la vostre;
Vangez-moy, vangez vous, & vangez vn Espoux,
Que vefue, auant l'Hymen, ie pleure à vos Genoux;
Mais apprenant, Grand Roy, cét accident sinistre,
Helas ! en pourriez vous, soupçonner le ministre !
Ouy, vostre sang suffit, pour vous en faire soy:
Il s'esmeut, il vous parle, & pour, & contre soy;
Et par vn sentiment, ensemble horrible, & tendre,
Vous dit, que Ladislas, est meurtrier d'Alexandre:
Ce Geste, encor, Seigneur, ce maintient interdit,
Ce visage effrayé, ce silence le dit;
Et plus que tout, enfin. Cette main encor teinte
De ce sang precieux, qui fait naistre ma plainte;
Quel des deux sur vos sens, fera le plus d'effort,
De vostre fils meurtrier, ou de vostre fils mort?
Si vous estiez si foible, & vostre sang si tendre,
Qu'on l'eust impunément, commencé de répandre;
Peut-estre verriez-vous, la main qui l'a versé,
Attenter sur celuy, qu'elle vous à laissé;
D'assassin de son frere, il peut estre le vostre,
Vn crime pourroit bien, estre vn essay de l'autre;
Ainsi, que les vertus, les crimes enchaisnez,
Sont tousiours, ou souuent, l'vn par l'autre traisnez:
Craignez, de hazarder, pour estre trop auguste,
Et le trosne, & la vie, & le tiltre de iuste;

Si mes viues douleurs ne vous peuuent toucher,
Ny la perte d'vn fils qui vous estoit si cher :
Ny l'horrible penser du coup qui vous la couste,
Voyez, voyez le sang dont ce poignard degoute ;
Et s'il ne vous émeut, sçachez ou l'on l'a pris,
Vostre fils l'a tiré du sein de vostre fils ;
Ouy, de ce coup, Seigneur, vn frere fut capable,
Ce fer porte le chiffre, & le nom du coupable
Vous apprend de quel bras il fut l'executeur,
Et complice du meurtre en declare l'Autheur ;
Ce fer, qui chaud encore, par vn enorme crime,
A trauersé d'amour la plus noble victime ;
L'ouurage le plus pur que vous ayez formé,
Et le plus digne cœur dont vous fussiez aimé ;
Ce cœur, enfin, ce sang, ce fils, cette victime,
Demandent par ma bouche vn Arrest legitime ;
Rey, vous vous feriez tort, par cette impunité,
Et pere à vostre fils, vous deuez l'equité ;
J'attends de voir pousser vostre main vengeresse,
Ou par vostre iustice, ou par vostre tendresse ;
Ou, si ie n'obtiens rien de la part des humains,
La iustice du Ciel me prestera les mains ;
Ce forfait contre luy cherche en vain du refuge,
Il en fut le témoin, il en sera le Iuge ;
Et pour punir vn bras d'vn tel crime noircy ;

K iij

Le sien sçaura s'estendre, & n'est pas racourcy ;
Si vous luy remettiez à venger nos offenses.

LE ROY.

Contre ces charges, Prince, auez-vous des defenses ?

LE PRINCE.

Non, ie suis criminel, abandonnez grand Roy
Cette mourante vie aux rigueurs de la loy ;
Que rien ne vous oblige à m'estre moins seuere,
Supprimons les doux noms & de fils & de pere,
Et tout ce qui pour moy vous peut solliciter,
Cassandre veut ma mort, il l'a faut contenter ;
Sa haine me l'ordonne, il faut que ie me taise ;
Et i'estimeray plus vne mort qui luy plaise
Qu'vn destin qui pourroit m'affranchir du trépas,
Et qu'vne Eternité qui ne luy plairoit pas ;
I'ay beau dißimuler ma paßion extréme ;
Iusqu'apres le trépas mon sort veut que ie l'ayme.
Et pour dire à quel poinct ce cœur est embrazé,
Iusqu'apres le trépas qu'elle m'aura causé ;
Le coup qui me tuëra pour vanger son iniure
Ne sera qu'vne heureuse & legere blessure,
Au prix du coup fatal qui me perça le cœur,
Quand de ma liberté son bel œil fut vainqueur ;

J'en fus desespeŕé, iusqu'à tout entreprendre,
Il m'osta le repos, que l'autre me doit rendre,
Puis qu'estre sa victime, est vn decret des Cieux,
Qu'importe qui me tuë, ou sa bouche ou ses yeux!
Souscriuez à l'Arrest, dont elle me menace,
Priué de sa faueur, ie ne veux point de grace:
Mettez à bout l'effect, qu'amour a commencé,
Acheuez vn trépas, desia bien aduancé;
Et si d'autre interest, n'esmeut vostre cholere,
Craignez tout, d'vne main, qui pût tuer vn frere.

LE ROY.

Madame, moderez, vos sensibles regrets,
Et laissez à mes soins, nos communs interests:
Mes ordres, auiourd'huy, feront voir vne marque,
Et d'vn Iuge equitable, & d'vn digne Monarque;
Ie me despoüilleray, de toute passion,
Et ie luy feray droit, par sa confession!

CASSANDRE,

Mon attente, Grand Roy, n'a point esté trompee,
Et.......

LE ROY.

Prince, leuez-vous, donnez-moy vostre espee;

LE PRINCE. se leuant.

Mon espee! ha! mon crime, est-il enorme au poinct?
De me ....

LE ROY.

Donnez, vous dis-ie, & ne repliquez point.

LE PRINCE.

La voila!

LE ROY. la baillant au Duc.

Tenez Duc!

OCTAVE.

O disgrace inhumaine!

LE ROY.

Et faites-le garder, en la chambre prochaine.
Allez;

LE PRINCE. ayant fait la reuerence
au Roy, & à Cassandre.

Presse la fin, ou tu m'as destiné,
Sort! voila de tes leux. & ta roüe à tourné?

Il

LE ROY.

Duc!

LE DVC.

Seigneur!

LE ROY.

De ma part, donnez aduis au Prince,
Que ſa teſte, autresfois ſi chere à la Prouince;
Doit ſeruir auiourd'huy, d'vn exemple fameux,
Qui fera deteſter, ſon crime à nos Neueux.

SCENE VII.

LE ROY, CASSANDRE, OCTAVE, Gardes.

LE ROY à OCTAVE.

Vous, côduiſez Madame, & la rendez chez elle;

CASSANDRE. à genoux.

Grãd Roy, des plus grãds Roys, le plus parfait modele;
Conſeruès inuaincu, cét inuincible ſein,
Pouſſés iuſques au bout, ce genereux deſſein;

L

Et conſtant, eſcoutez, contre voſtre indulgence,
Le ſang d'vn fils, qui crie, & demande vengeance:

LE ROY.

Ce coup, n'eſt pas, Madame, vn crime à proteger,
I'auray ſoin de punir, & non pas de vanger;

O Ciel, ta prouidence, apparemment proſpere,
Au gré de mes forfaits, de deux fils m'a fait pere;
Et l'vn d'eux, qui par l'autre, auiourd'huy m'eſt oſté;
M'oblige, à perdre encor, celuy qui m'eſt reſté!

ACTE V.

SCENE PREMIERE.
THEODORE, LEONOR.

THEODORE,

DE quel air, Leonor, a-t'il receu ma Lettre ?

LEONOR.

D'vn air, & d'vn visage, à vous en tout promettre.
En vain, sa modestie, à voulu déguiser,
Venant à vostre nom, il l'a fallu baiser,
Comme à force, imprimant, sur ce cher caractere,
Vne marque d'vn feu, qu'il sent, mais qu'il veut taire ;

THEODORE.

Que tu prends mal ton temps, pour sprouuer vn cœur,
Que la douleur esprouue, auec tant de rigueur :

I'ay plaint la mort du Duc, comme d'vne personne,
Necessaire à mon pere , & qui sert sa Couronne;
Et quand on me guerit , de ce fascheux rappors ,
Et que i'aprends qu'il vit, i'apreds qu'vn frere est mort;
Encor , quoy que nos cœurs, eussent d'intelligence ,.
Ie ne puis de sa mort, souhaiter la vengeance;
I'aymois esgalement , le mort & l'assassin ,
Ie plains esgalement , l'vn & l'autre destin :
Pour vn frere meurtry , ma douleur à des larmes ,
Pour vn frere meurtrier , ma fureur n'a point d'armes;
Et si le sang de l'vn , excite mon courroux ,
Celuy .... mais le Duc vient; Leonor, laissez-nous.

SCENE II.
· LE DVC. THEODORE.

LE DVC.

BRuslant de vous seruir, adorable Princesse,
Ie me reds par vostre ordre, aux pieds de vostre Altesse,

THEODORE.

Ne me flattez-vous point; & m'en puis-ie vanter;

LE DVC.

Cette efpreuue, Madame, eft facile à tenter :
J'ay du fang à répandre, & ie porte vne efpée,
Et ma main, pour vos loix, brufle d'eftre occupée;

THEODORE.

Ie n'exige pas tant de voftre affection
Et ie ne veux de vous, qu'vne confeffion;

LE DVC.

Quelle ! ordonnez-là moy.

THEODORE.

Sçauoir de voftre bouche,
De quel genereux objet, le merite vous touche,
Et doit eftre le prix, de ces fameux exploits,
Qui iufqu'en Mofcouie, ont eftendu nos loix;
J'imputois voftre prife, aux charmes de Caffandre,
Mais l'Infant l'adorant, vous n'y pouuiez pretendre

LE DVC.

Mes vœux ont pris, Madame, vn vol plus efleué;
Auffi, par ma raifon, n'eft il pas approuué !

THEODORE.

Ne cherchés point d'excuſe, en voſtre modeſtie,
Nommez-là, ie le veux.

LE DVC.

      Ie ſuis ſans repartie;
Mais ma voix cedera, cét office à vos yeux,
Vous-m ſme, nommés-vous ; cét obiet glorieux,
Vos doigts ont mis ſon nom, au bas de cette Lettre;

THEODORE. ayant leu ſon nom.

Voſtre merite, Duc, vous peut beaucoup permettre,
Mais ....

LE DVC.

    ſant vous aymer, i'ay condamné mes vœux;
Ie me ſuis voulu mal du bien que ie vous veux,
Mais, Madame, accuſés vne eſtoille fatale.
D'eſleuer vn eſpoir, que la raiſon rauale;
De faire à vos ſuiets, encencer vos Autels,
Et de vous procurer, des hommages mortels;

THEODORE.

Si i'ay pouuoir ſur vous, puiſie de voſtre zele,

Me promettre à l'inſtant, vne preuue fidelle ?

LE DVC.

Le beau feu, dont pour vous, ce cœur eſt embrazé,
Trouuera tout poſſible, & l'impoſſible aiſé.

THEODORE.

L'effort, vous en ſera penible, mais illuſtre,

LE DVC.

D'vne ſi noble ardeur, il accroiſtra le luſtre ;

THEODORE.

Tant s'en faut, cette eſpreuue, eſt de tenir caché,
Vn eſpoir, dont l'orgueil, vous ſeroit reproché :
De vous taire, & n'admettre en voſtre confidence,
Que voſtre ſeul reſpect, auec voſtre prudence ;
Et pour le prix, enfin, du ſeruice important,
Qui rend ſur tant de noms, voſtre nom éclattant
Aller en ma faueur ; demander à mon pere,
Au lieu de noſtre Hymen, la Grace de mon frere ;
Preuenir ſon Arreſt, et par voſtre ſecours,
Faire tomber l'acier, preſt, à trancher ſes iours ;
De cette eſpreuue, Duc, vos vœux ſont-ils capables

LE DVC.

Ouy, Madame, & de plus, (puiſqu'ils ſont ſi coupables,
Ils vous ſçauront, encor, vanger de leur orgueil,
Et tomber, auec moy, dans la nuit du cercueil :

THEODORE.

Non, ie vous le deffends, laiſſez-moy mes vangeances,
Et ſi i'ay droit ſur vous, obſeruez mes deffenſes ;
Elle s'enva. *Adieu Duc.*

LE DVC. ſeul.

       Quel orage agite mon eſpoir !
Et quelle loy mon cœur, viens-tu de receuoir !
Si i'oſe l'adorer, ie prends trop de licence,
Si ie m'en veux punir, i'en reçoy la deffence ;
Me deffendre la mort, ſans me vouloir guerir,
N'eſt-ce pas m'ordonner de viure, & de mourir !
Mais ....

SCENE III.

SCENE III.

LE ROY. LE DVC. Gardes.

LE ROY.

O iour à iamais, funebre à la Prouince?
Federic?

LE DVC.

Quoy Seigneur ;

LE ROY.

Faites venir le Prince:

LE DVC. sortant auec les Gardes.

Il sera superflu , de tenter mon credit,
Le sang fait son office , & le Roy s'attendrit.

LE ROY. seul, resuant, & se promenant.

Trefue , trefue , nature , aux sanglantes batailles,
Qui si cruellement , déchirant mes entrailles ;

M

Et me perçant le cœur, le veulent partager,
Entre mon fils à perdre, & mon fils à vanger,
A ma Iustice en vain, ta tendresse est contraire,
Et dans le cœur d'vn Roy, cherche celuy d'vn pere;
Ie me suis despoüillé, de cette qualité,
Et n'entends plus d'aduis, que ceux de l'equité;
Mais, ô vaine constance, ô force imaginaire,
A cette veuë, encor, ie sents que ie suis pere;
Et n'ay pas despoüillé, tout humain sentiment:

Ils sortent. Sortez, Gardes, vous, Duc, laissez-nous vn momët.

SCENE IV.

LE ROY. LE PRINCE.

LE PRINCE.

V Enés vous conseruer, ou vanger vostre race;
M'anöcés vous, mö pere, ou ma mort ou ma grace;

LE ROY. *pleurant.*

Embrassez-moy, mon fils:

LE PRINCE.

Seigneur? quelle bonté?
Quel effet de tendreſſe , & quelle nouueauté?
Voulés-vous , ou marquer , ou remettre mes peines?
Et vos bras me ſont-ils , des faueurs , ou des chaiſnes?

LE ROY. pleurant.

Auecques le dernier , de leurs embraſſements,
Receuez de mon cœur , les derniers ſentiments :
Sçauez-vous de quel ſang , vous auez pris naiſſance;

LE PRINCE.

Ie l'ay mal teſmoigné , mais i'en ay cognoiſſance :

LE ROY.

Sentés-vous de ce ſang , les nobles mouuements?

LE PRINCE.

Si ie ne les produits , i'en ay les ſentiments;

LE ROY.

Enfin, d'vn grand effort , vous trouuez-vous capable

LE PRINCE.

Ouy, puifque ie refifte, à l'ennuy qui m'accable,
Et qu'vn effort mortel, ne peut aller plus loing;

LE ROY.

Armez-vous de vertu, vous en auez befoing.

LE PRINCE.

S'il eft temps de partir, mon ame eft toute prefte;

LE ROY.

L'efchaffaut l'eft auffi, portez-y voftre tefte;
Plus condamné que vous, mon cœur vous y fuiura,
Ie mourray plus que vous du coup qui vous tuëra;
Mes larmes vous en font vne preuue affez ample,
Mais à l'Eftat, enfin, ie doy ce grand exemple;
A ma propre vertu, ce genereux effort,
Cette grande victime à voftre frere mort;
I'ay craint de prononcer, autant que vous d'entendre,
L'Arreft qu'ils demãdoient, & que i'ay deu leur rẽdre,
Pour ne vous perdre pas, i'ay long temps combattu,
Mais ou l'art de regner, n'eft plus vne vertu,
Et c'eft vne chymere aux Roys que la Iuftice;
Ou regnant à l'Eftat, ie dois ce facrifice.

LE PRINCE.

Et bien , acheuez-le , voila ce col tout preſt,
Le coupable , grand Roy , ſouſcrit à voſtre Arreſt ;
Ie ne m'en deffends point , & ie ſçay que mes crimes,
Vous ont cauſé ſouuent des courroux legitimes ;
Ie pourrois , du dernier, m'excuſer ſur l'erreur,
D'vn bras qui s'eſt meſpris , & creut trop ma fureur;
Ma hayne, & mon amour, qu'il vouloit ſatisfaire,
Portoient le coup au Duc , & non pas à mon frere;
I'alleguerois encor , que le coup part d'vn bras,
Dont les premiers efforts , ont ſeruy vos Eſtats;
Et m'ont dans voſtre hiſtoire, acquis aſſez de place,
Pour vous deuoir parler , en faueur de ma grace;
Mais ie n'ay point deſſein , de prolonger mon ſort,
I'ay mon obiet a part , à qui ie dois ma mort ;
Vous la deuez au peuple, à mon frere, à vous-meſme,
Moy , ie la dois , Seigneur , à l'ingrate que i'ayme,
Ie la dois a ſa haine , & m'en veux acquitter,
C'eſt vn leger tribut , qu'vne vie a quitter ,
C'eſt peu pour ſatisfaire, & pour plaire a Caſſandre,
Q'vne teſte a donner , & du ſang a répandre,
Et forcé de l'aymer , iuſqu'au dernier ſouſpir,
Sans , auoir pû viuant , reſpondre a ſon deſir,
Suis rauy de ſçauoir, que ma mort y réponde,

M iij

Et que mourŭt, ie plaiſe, aux plus beaux yeux du mŏde;

LE ROY.

A quoy que voſtre cœur, deſtine voſtre mort,
Allez vous preparer, a cét illuſtre effort;
Et pour les intereſts, d'vne mortelle flamme,
Abandonnant le corps, n'abandonnez pas l'ame;
Toute obſcure qu'elle eſt, la nuit a beaucoup d'yeux,
Et n'a pas pû cacher, voſtre forfait aux Cieux,

L'embraſ
ſant.

Adieu; ſur l'eſchaffaut, portez le cœur d'vn Prince,
Et faites y douter, a toute la Prouince,
Si né, pour commander, & deſtiné ſi haut,
Vous mourez ſur vn throſne, ou ſur vn eſchaffaut;

Le Roy
frappe du
pied pour
faire tenir le
Duc.

Duc; remenez le Prince;

Le Duc en
tre auec des
Gardes.

LE PRINCE. s'en allant.

O vertu trop ſeuere!
Venceſlas, vit encor, & ie n'ay plus de pere!

SCENE V.

LE ROY. Gardes.

LE ROY.

O Iuſtice inhumaine , & deuoirs ennemis ,
Pour cõſeruer mon ſceptre, il faut perdre mon fils!
Mais laiſſe-les agir , importune tendreſſe ,
Et vous, cachez mes yeux , vos pleurs, & ma foibleſſe,
Ie ne puis rien pour luy , le ſang cede à la loy ,
Et ie ne luy puis eſtre , & bon pere & bon Roy ,
Voy, Pologne , en l'horreur , que le vice m'imprime,
Si mon election , fut vn choix legitime ;
Et ſi ie puis donner , aux deuoirs de mon rang ,
Plus que mon propre fils , & que mon propre ſang !

SCENE VI.

THEODORE. CASSANDRE. LEONOR.
LE ROY. Gardes.

THEODORE.

Par quelle loy, Seigneur, si Barbare est si dure,
Pouuiez vous renuerser, celle de la Nature?
I'apprends, qu'au Prince, helas! l'Arrest est prononcé,
Que de son chastiment, l'appareil est dressé;
Quoy, nous demeurerons, par des loix si seueres,
L'Estat sans heritiers, vous sans fils, moy sans freres?
Consultez-vous vn peu : contre vostre fureur,
C'est trop, qu'en vostre fils, condamner vne erreur;
Du carnage d'vn frere, vn frere est incapable,
De cét assassinat, la nuict seule est coupable;
Il plaint autant que nous, le sort qu'il a finy,
Et par son propre crime, il est assez puny;
La pitié qui fera reuoquer son supplice,
N'est pas moins la vertu d'vn Roy que la Iustice;
Auec moins de fureur, vous luy serez plus doux,
La Iustice est souuent, le masque du courroux;

Et

Et l'on imputera, cét arrest si seuere
Moins au denoir d'un Roy, qu'à la fureur d'un pere ;
Vn murmure public, condamne cet arrest,
La nature vous parle, & Cassandre se taist ;
La rencontre du Prince, en ce lieu, non preueuë,
L'interest de l'Estat, & mes pleurs l'ont vaincuë ;
Son ennuy si profond, n'a sçeu nous resister,
Vn fils, enfin, n'a plus, qu'un pere à surmonter ;

CASSANDRE.

Ie reuenois, Seigneur, demander son supplice,
Et de ce noble effort, presser vostre iustice ;
Mon cœur impatient, d'attendre son trepas,
Accusoit chaque instant, qui ne me vangeoit pas ;
Mais, ie ne puis iuger, par quel effet contraire,
Sa rencontre, en ce cœur, à fait taire son frere ;
Ses fers, ont combattu, le vif ressentiment,
Que ie doibs malheureuse, au sang de mon amant ;
Et quoy que tout meurtry, mon ame encor l'adore,
Les plaintes, les raisons, les pleurs de Theodore,
Le murmure du peuple, & de l'estat entier,
Qui contre mon party, soustient son heritier,
Et condamne l'Arrest, dont ma douleur vous presse,
Suspendent en mon sein, cette ardeur vengeresse ;
Et me la font, enfin passer pour attentat,

N

Contre le bien public, & le chef de l'Eſtat,
Ie me tais, donc, Seigneur, diſpoſez de la vie,
Que vous m'auez promiſe, & qu'i'ay pourſuiuie,
Au deffaut de celuy, qu'on te refuſera,
I'ay du ſang cher amant, qui te ſatisfera.

LE ROY.

Vous ne pouuez douter, Ducheſſe, & vous Infante,
Que pere, ie voudrois répondre à voſtre attente;
Ie ſuis, par ſon Arreſt, plus condamné que luy,
Et ie prefererois, ſa mort, à mon ennuy;
Mais, d'autre part, ie regne , & ſi ie luy pardonne,
D'vn opprobre eternel, ie ſouille ma Couronne;
Au * lieu, que reſiſtant, à cette dureté,
Ma vie, & voſtre honneur, deuront leur ſeureté;
Ce Lyon eſt dompté, mais peut eſtre, Madame,
Celuy, qui ſi ſouſmis, * vous déguiſe ſa flame,
Plus fier, & violent qu'il n'a iamais eſté,
Demain attenteroit, ſur voſtre honneſteté;
Peut eſtre, qu'a mon ſang, ſa main accouſtumée,
Contre mon propre ſein, demain ſeroit armée;
La pitié qu'il vous cauſe, eſt digne d'vn grand cœur,
Mais, ſi ie veux regner, il l'eſt de ma rigueur,
Ie vous doibs malgré vous, raiſon de voſtre offence,
Et quand vous vous rendés, prendre voſtre deffence,

Mon Courroux resistant, & le vostre abbatu,
Sont d'illustres effects, d'vne mesme vertu;

SCENE VII.

LE DVC. LE ROY. THEODORE.
CASSANDRE. LEONOR. Gardes.

LE ROY.

Qve faict le Prince, Duc?

LE DVC.

　　　　　　C'est en ce moment, Sire,
Qu'il est Prince, en effect, & qu'il peut se le dire!
Il semble, aux yeux de tous, d'vn Heroïque effort,
Se preparer plutost, à l'Hymen, qu'a la mort;
Et puisque si remis, de tant de violence,
Il n'est plus en estat, de m'imposer silence,
Et m'enuier, vn bien, que ce bras m'a produit,
De mes trauaux, grand Roy, ie demande le fruict;

LE ROY.

Il est iuste; & fust il, de toute ma Prouince,

LE DVC

Ie le reſtrainɛts, Seigneur, à la grace du Prince,

LE ROY.

Quoy!

LE DVC.

I'ay voſtre parole , & ce depoſt ſacré,
Contre voſtre refus, m'eſt vn gage aſſeuré;
I'ay payé de mon ſang, l'heur que i'oze pretendre!

LE ROY.

Quoy? Federic, auſſi, conſpire à me ſurprendre!
Quel charme, contre vi pere, en faueur de ſon fils,
Suſcite, & faiɛt parler , ſes propres ennemys?

LE DVC.

C'eſt peu, que pour vn Prince, vne faute s'efface!
L'eſtat qu'il doit regir, luy doit bien vne grace;
Le ſeul ſang de l'Infant, par ſon crime eſt verſé,
Mais par ſon chaſtiment, tout l'Eſtat eſt bleſſé;
Sa cauſe, quoy qu'iniuſte, eſt la cauſe publique!
Il n'eſt pas touſiours bon, d'eſtre trop Polytique,
Ce que veut tout l'Eſtat, ſe peut il dénier?
Et pere, deués vous, vous rendre le dernier ?

SCENE VIII.

OCTAVE. LE ROY. LE DVC. THEODORE.

CASSANDRE. LEONOR. Gardes.

OCTAVE. hors d'haleine!

SEigneur, d'vn cry commun, toute la populace,
Parle en faueur du Prince, & demande sa grace;
Et sur tout, vn grand nombre, en la place amassé,
A d'vn zele indiscret, l'eschaffaut renuersé;
Et les larmes aux yeux, d'vne commune enuie,
Proteste de perir, où luy sauuer la vie;
D'vn mesme mouuement, & d'vne mesme voix,
Tous le disent exempt, de la rigueur des Loix;
Et si cette chaleur, n'est bien tost appaisée,
Iamais sedition, ne fut plus disposée;
En vain pour y mettre ordre, & pour les contenir,
I'ay voulu.......

LE ROY à OCTAVE.

C'est assez, faictes le moy venir.

N iij

LEONOR.

Octau va querir le Prince.

Ciel seconde nos vœux.

THEODORE.

Voyons, cette aduanture ;

LE ROY. *resuant, & se promenant à grands pas.*

Ouy, ma fille, ouy Cassandre, ouy, parole, ouy, nature
Ouy peuples, il faut vouloir, ce que vous souhaittés ;
Et par vos sentimens, regler mes volontés.

SCENE Derniere.

LE PRINCE. LE ROY. LE DVC.

THEODORE. CASSANDRE. LEONOR. Gardes.

Le Prince, & Octaue entre.

LE PRINCE. aux pieds du Roy.

P*Ar quel heur.*

LE ROY. *le releuant ;*

Leués vous : vne Couronne, Prince,

Sous qui i'ay quarante ans, regi cette Prouince ;
Qui passera sans tache, en vn regne futur,
Et dont tous les brillants, ont vn éclat si pur ;
En qui la voix des Grands, & le commun suffrage,
M'ont d'vn nombre d'ayeux, conservé l'heritage ;
Est l'vnique moyen, que i'ay pû conceuoir,
Pour (en vostre faueur) desarmer mon pouuoir ;
Ie ne vous puis sauuer, tant qu'elle sera mienne ;
Il faut que vostre teste, ou tombe, ou la soustienne ;
Il vous en faut pouruoir, s'il vous faut pardonner,
Et punir vostre crime, ou bien le Couronner ;
L'estat vous la souhaitte, & le peuple m'enseigne,
Voulant que vous viuiés, qu'il est las que ie regne ;
La Iustice, est aux Roys, la Reyne des vertus,
Et me vouloir iniuste, est ne me vouloir plus ;
Regnez apres l'estat, i'ay droict de vous elire,   <small>Luy baillant la Couronne.</small>
Et donner en mon fils, vn pere à mon Empire ;

LE PRINCE.

Que faictes vous grand Roy ?

LE ROY.

        M'appeler de ce nom,
C'est hors, de mon pouuoir, mettre vostre pardon :
Ie ne veux plus d'vn rang, ou ie vous suis contraires

Soyez Roy, Ladiflas, & moy. ie feray pere ;
Roy, ie n'ay pû des loix fouffrir les ennemys ;
Pere, ie ne pourray, faire perir mon fils ;
Vne perte eft ayfée, ou l'amour nous conuie ;
Ie ne perdray qu'vn nom, pour fauuer vne vie ;
Pour contenter Caffandre, & le Duc, & l'Eftat,
Qui les premiers font grace, à voftre affaffinat ;
Le Duc, pour recompenfe, à requis cefte grace,
Le peuple mutiné, veut que ie vous la face ;
Caffandre le confent, ie ne m'en deffens plus ;
Ma feule dignité, m'enioignoit ce reffus ;
Sans peine, ie defcends de ce degré fuprefme,
I'ayme mieux conferuer vn fils, qu'vn Diadefme ;

LE PRINCE.

Si vous ne pouués eftre, & mon pere, & mon Roy,
Puis-je eftre voftre fils, & vous donner la loy ?
Sans peine, ie renonce, à ce degré fuprefme ;
Abandonnés plutoft, vn fils qu'vn Diadefme ;

LE ROY.

Ie n'y pretends plus rien, ne me le rendés pas,
Qui pardonne à fon Roy, puniroit Ladiflas ;
Et fans cet ornement, feroit tomber fa tefte ;

LE

LE PRINCE.

A vos ordres, Seigneur, la voila toute preste;
Ie la conserueray, puisque ie vous la doibs,
Mais elle regnera, pour dispenser vos loix;
Et tousiours, quoy qu'elle oze, ou quoy quelle proiette,
Le Diadesme au front, sera vostre suiette.

Par quel heureux destin, Duc, ay-ie merité,
Et de vostre courage, & de vostre bonté;
Le soing si genereux, qu'ils ont eus pour ma vie;

Il dit au
Duc, l'em-
brassant.

LE DVC.

Ils ont seruy l'Estat, alors qu'ils l'ont seruie;
Mais, & vers la Couronnne, & vers vous acquitté,
l'implore vne faueur de vostre Majesté;

LE PRINCE.

Qu'elle?

LE DVC.

Vostre congé, Seigneur, & ma retraicte,
Pour ne vous plus nourrir, cette hayne secrette,
Qui m'expliquant si mal, vous rend tousiours suspects,
Mes plus ardents deuoirs, & mes plus grands respects;

O

LE PRINCE.

Non non, vous deués, Duc, vos soings, à ma Prouince;
Roy, ie n'herite point, des differends du Prince;
Et i'augurerois mal, de mon Gouuernement,
S'il m'en falloit d'abord, oster le fondement;
Qui trouue, ou dignement, reposer sa Couronne
Qui rencontre à son trosne, vne ferme colomne;
Qui possede vn sujet, digne de cet employ,
Peut vanter son bon heur, & peut dire estre Roy;
Le Ciel nous l'a donné, cét Estat le possede,
Par ses soings, tout nous rit, tout fleurit, tout succede;
Par son art, nos voysins, nos propres ennemys,
N'aspirent qu'à nous estre alliés, ou sousmis;
Il faict briller par tout nostre pouuoir supresme,
Par luy, toute l'Europe, ou nous crainct, ou nous ayme;
Il est de tout l'Estat, la force, & l'ornement,
Et vous me l'osteriés, par vostre esloignement?
L'heur le plus precieux, que regnant ie respire,
Est que vous demeuriés, l'ame de cet Empire,

Monstrant
Theodore·
Et si vous répondés, à mon Election,
Ma sœur, sera le nœud, de vostre affection.

LE DVC.

I'y pretendrois en vain, apres que sa deffence,

M'a de sa seruitude, interdit la licence;

THEODORE.

Ie vous auois prescrit, de cacher vos liens,
Mais les ordres du Roy, font au deffus des miens;
Et me donnant à vous, font ceffer ma deffence;

LE DVC.

O de tous mes trauaux, trop digne récompence!
C'eft à ce prix, Seigneur, qu'afpiroit mon credit!
Et vous me le rendés, me l'ayant interdit.

Au Prince.

LE PRINCE.

I'ay, pour vous, accepté la vie, & la Couronne,
Madame, ordonnés en, ie vous les abandonne;
Pour moy, fans vos faueurs, elles n'ont rien de dous,
Ie les rends, i'y renonce, & n'en veux point fans vous;
De vous feule depend, & mon fort, & ma vie.

CASSANDRE.

Apres, qu'a mon Amant, voftre main l'a raui!

LE ROY.

Ie Sceptre que i'y mets à fon crime effacé,
Deffous vn nouueau regne, oublions le paffé;

VENCESLAS,

Qu'auec le nom de Prince, il perde voſtre hayne,
Quand ie vous donne vn Roy, donnés nous vne Reyne,

CASSANDRE.

Puis-ie ſans vn trop laſche, & trop ſenſible effort,
Eſpouſer le meurtrier, eſtant veſue du mort:
Puis ie.

LE ROY.

Le temps ma fille.

CASSANDRE.

Ha quel temps le peut faire !

LE PRINCE.

Si ie n'obtiens au moins, permettez que i'eſpere,
Tant de ſouſmiſſions, laſſeront vos meſpris,
Qu'enfin de mon amour, vos vœux ſeront le prix.

LE ROY.

Allons rendre à l'Infant, nos dernieres tendreſſes,
Et dans ſa ſepulture, enfermer nos triſteſſes;
Vous, faictes-moy viuant, louer mon ſucceſſeur,
Et voir de ma Couronne, vn digne poſſeſſeur.

FIN.

www.ingramcontent.com/pod-product-compliance
Lightning Source LLC
Chambersburg PA
CBHW052122090426
42741CB00009B/1915